LIVRAISON SPÉCIALE : L'HÉRITAGE POSTAL CANADIEN

Livraison spéciale

L'HÉRITAGE POSTAL CANADIEN

Chantal Amyot
Bianca Gendreau
John Willis

Sous la direction de Francine Brousseau

photographie des artefacts
Claire Dufour

LES ÉDITIONS DU BORÉAL

MUSÉE CANADIEN DES CIVILISATIONS – MUSÉE CANADIEN DE LA POSTE

*Les Éditions du Boréal remercient le Conseil des Arts du Canada
ainsi que le ministère du Patrimoine canadien et la SODEC
pour leur soutien financier.
Les Éditions du Boréal bénéficient également du Programme de
crédit d'impôt pour l'édition de livres du Gouvernement du Québec.*

*Le Musée canadien des civilisations et le Musée canadien
de la poste désirent exprimer leur vive reconnaissance à la
Société canadienne des postes pour son soutien financier.*

Conception graphique : Julie Scriver, Goose Lane Editions

© Musée canadien des civilisations, 2000

Dépôt légal : 4ᵉ trimestre 2000
Bibliothèque nationale du Québec

Diffusion au Canada : Dimedia

Données de catalogage avant publication (Canada)

Amyot, Chantal
Livraison spéciale : l'héritage postal canadien

Traduction de Special delivery: Canada's postal heritage.
Publ. en collab. avec : Musée canadien des civilisations
et le Musée canadien de la poste.
Comprend des réf. bibliogr.

ISBN 2-7646-0059-3

1. Postes — Canada — Histoire.
2. Postes — Canada — Appareils et matériel — Histoire.
I. Titre. II. Gendreau, Bianca.   III. Willis, John.
IV. Musée canadien des civilisations. V. Musée canadien de la poste.

HE6655.A4914 2000   383'.4971   C00-941270-0 X

TABLE DES MATIÈRES

PRÉFACE

LA SOCIÉTÉ CANADIENNE DES POSTES est fière d'avoir participé à la réalisation de *Livraison spéciale : l'héritage postal canadien*. Ce magnifique livre brosse un tableau remarquable d'un service qui rapproche tous les Canadiens et toutes les Canadiennes depuis au moins trois siècles. Le service postal transporte nos messages d'un océan à l'autre, mais aussi au-delà des mers. La lettre n'a pas de frontières.

Les instruments d'écriture ont subi d'importantes transformations au fil des siècles, depuis la plume d'oie jusqu'à l'ordinateur personnel. Ce livre raconte cette évolution et le rôle permanent de Postes Canada et du ministère qui l'a précédée dans l'acheminement des messages.

Le service postal a chevauché toutes ces époques de l'histoire canadienne et constituait le trait d'union entre les pionniers aux quatre coins de notre immense pays. Aujourd'hui, Postes Canada continue à jouer ce rôle indispensable dans le tissage de la toile sociale et économique du pays.

Le service postal touche chacun. Francine Brousseau et son équipe ont merveilleusement fait en sorte que ce livre témoigne du rôle essentiel que mes collègues de Postes Canada ont joué et continuent à jouer quotidiennement partout au pays.

Aujourd'hui, à l'ère de ce catalogue sans fin qu'est Internet, les Canadiens et les Canadiennes comptent toujours sur Postes Canada pour recevoir leurs marchandises, comme il y a cent ans. Du traîneau à l'avion, tous les moyens sont bons pour livrer le courrier. Aujourd'hui, la Poste électronique[MC] ajoute les câbles et les antennes à ces moyens de transport.

Je suis heureux de constater que *Livraison spéciale : l'héritage postal canadien* rappelle l'importance du courrier dans la vie de tous les Canadiens et les Canadiennes. En feuilletant et en lisant ce livre, je suis fier de toutes ces femmes et de tous ces hommes qui ont fait du service postal des XVIIe et XVIIIe siècles, du ministère des Postes et de la Société canadienne des postes, une institution à laquelle tous les Canadiens et toutes les Canadiennes continuent de faire confiance chaque jour.

L'HONORABLE ANDRÉ OUELLET, c.p., c.r.,
Président-directeur général
Société canadienne des postes

AVANT-PROPOS

DEPUIS LONGTEMPS, au Musée canadien de la poste, nous rêvions de faire connaître notre collection par un livre prestigieux. En vous présentant cet ouvrage, l'équipe du Musée vous propose donc de partager sa passion pour la fascinante épopée de la poste au Canada. Liée à l'écriture et à la communication, la poste est au cœur de nos vies et de l'histoire de notre pays. S'inscrivant dans le village global, elle est universelle et ne connaît pas de frontières. Symbolisée par le facteur, la lettre ou le timbre-poste, elle fait partie du quotidien.

Dans notre vaste pays, la poste a été de tous les grands moments de l'histoire : elle a été associée à la traite des fourrures, à la construction du chemin de fer, par exemple. Elle a été présente sur le champ de bataille. Évoluant au rythme des explorations et de la colonisation, la poste s'est implantée dans les villages et les villes ; elle a soulevé des débats publics et politiques et participé à l'économie. À l'aube du nouveau millénaire, elle répond toujours aux besoins des Canadiens et des Canadiennes par son vaste réseau moderne.

Notre collection compte quelque quarante mille objets et des dizaines de milliers de pièces philatéliques. Évadés momentanément de nos coffres aux trésors, des centaines d'objets et de documents s'animent sous l'œil de l'appareil photographique, comme autant de témoins, pour vous faire découvrir le patrimoine postal canadien. Des tablettes d'argile à la touchante lettre d'un soldat, des décors élaborés des bureaux de poste aux matières précieuses ayant servi à la confection des boîtes à timbres, en passant par le temps des diligences et l'âge d'or des achats par catalogue, voici un coup d'œil nouveau sur l'histoire du Canada.

À travers ces scènes d'hier et d'aujourd'hui, vous ferez d'abord la découverte des employés de la poste : ils ont été et sont toujours des milliers à « faire passer le courrier ». Découverte, aussi, de la géographie du Canada sous l'angle du transport du courrier : à cheval, en traîneau, par train ou par avion. Voyage en toutes saisons sur la mer, la route Transcanadienne, les petites routes de campagne ou les sentiers de forêt empruntés par les messagers. Incursion là où l'art et la poste convergent : sacs de courrier qui s'habillent de phosphorescence, échanges artistiques par correspondance entre artistes du monde entier, timbres-poste constituant de véritables œuvres d'art miniatures.

Créé en 1971, le Musée canadien de la poste fait partie du Musée canadien des civilisations depuis 1988. Sa mission est de préserver et d'interpréter le patrimoine postal canadien. En vous invitant à découvrir la formidable histoire de la poste au Canada, *Livraison spéciale : l'héritage postal canadien* se veut un outil privilégié dans l'accomplissement de cette mission.

Cet ouvrage est le fruit de la collaboration de nombreuses personnes. À Postes Canada, André Ouellet s'est, dès le début, enthousiasmé pour le projet, et Alain Guilbert nous a permis d'en élaborer le concept. Nous leur témoignons notre reconnaissance. Nous remercions aussi Postes Canada pour son appui financier.

Au Musée canadien des civilisations, Jean-François Blanchette nous a aidés à articuler notre concept pour qu'on en fasse un livre passionnant et qui intéresse les meilleurs éditeurs, et Lisa Leblanc a mené le projet à terme. Merci aux deux maisons d'édition qui se sont associées pour que l'on puisse offrir ce livre partout au Canada : Goose Lane Editions et les Éditions du Boréal. Chez Goose Lane, nous avons profité des conseils judicieux de Laurel Boone et de l'expertise de Julie Scriver, chargée de la conception graphique de l'ouvrage. Merci à Jacques Godbout et à Pascal Assathiany, des Éditions du Boréal, qui se sont intéressés à notre projet, et à Jean Bernier, également du Boréal, pour son important apport en matière éditoriale.

Notre collection et l'histoire de la poste vous sont révélées par trois auteurs, mais aussi par des images puissantes et éloquentes. Claire Dufour a su mettre les objets en valeur avec sensibilité. Nous lui savons également gré de ses photographies de scènes contemporaines. Steven Darby, du Musée canadien des civilisations, ainsi que Larry Goldstein et John Sherlock nous ont aussi fourni des photographies de scènes contemporaines. Nous les en remercions.

Nous sommes particulièrement redevables à Gaëtanne Blais et à Pascal LeBlond, des Services Hermès, pour leur appui à la recherche et pour la coordination du projet. Merci aussi à Wendy McPeake et à Lucie Dumoulin pour le travail éditorial et la correction des épreuves ainsi qu'à Francis Guévremont pour la traduction.

Nous tenons aussi à souligner la collaboration des personnes et des établissements suivants : à Postes Canada, Allison Rogers, Alain Leduc et Georges de Passillé ; au Musée canadien des civilisations, Harry Foster, Stéphane Laurin, Julie Leclair, John Staunton, l'équipe des restaurateurs, le Service canadien d'ethnologie, la Division d'histoire ; au Musée canadien de la guerre, Carole Reid ; Jean Bélisle ; Claude A. Simard ; Bernard Tousignant.

FRANCINE BROUSSEAU
Directrice du Musée canadien de la poste
Directrice des expositions du Musée canadien
des civilisations

Livraison spéciale

L'HÉRITAGE POSTAL CANADIEN

Le sac du facteur, rempli de colis importants à remettre aux destinataires. On utilisait ces contenants cylindriques, à la boutique de l'oratoire Saint-Joseph, à Montréal, pour expédier des reliques et autres articles, par exemple des bouteilles d'eau bénite (en face). MCP (CD)

LA POSTE, OU LE TRANSPORT DU MOT

John Willis

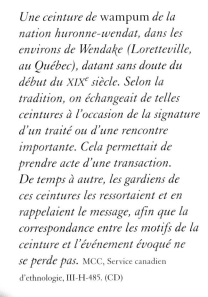

Chacun de nous reçoit du courrier, chacun en envoie, chacun en attend, que ce soit des nouvelles d'un être cher parti à la guerre, la réponse au sujet d'une bourse qu'on a sollicitée, la décision d'un éditeur, une lettre du père Noël, un chèque, une revue, une sainte relique, ou encore une simple et banale facture. Attendre une lettre appartient à la condition humaine comme la naissance et la mort.

C'est au bureau de poste que nous déposons nos précieuses missives, les colis festonnés pour nos enfants à la colonie de vacances ou les cadeaux pour nos parents qui vivent loin de nous. Les employés des postes sont à notre disposition, derrière les guichets. Nous achetons là des timbres — miniatures aux sujets artistiques, historiques, biologiques — prêts à être humectés et collés. La conversation s'engage, de part et d'autre du comptoir. Un commis pèse nos colis, les affranchit, puis les dépose dans de vastes bacs. Alors commence pour eux l'« antique voyage », à travers le temps et l'espace, qui les mènera de l'arrière-boutique du bureau de poste aux centres de tri, de la cale des camions, des trains et des avions au sac du facteur, et enfin jusqu'au destinataire.

C'est en toute confiance que nous portons nos billets, nos lettres et nos cartes soigneusement calligraphiés, parfois même notre argent, au bureau de poste. Nous savons qu'ils arriveront à destination. Nous n'avons aucune crainte : tout sera dûment livré.

Une ceinture de wampum *de la nation huronne-wendat, dans les environs de Wendake (Loretteville, au Québec), datant sans doute du début du XIXᵉ siècle. Selon la tradition, on échangeait de telles ceintures à l'occasion de la signature d'un traité ou d'une rencontre importante. Cela permettait de prendre acte d'une transaction. De temps à autre, les gardiens de ces ceintures les ressortaient et en rappelaient le message, afin que la correspondance entre les motifs de la ceinture et l'événement évoqué ne se perde pas.* MCC, Service canadien d'ethnologie, III-H-485. (CD)

L'art ancien de la communication

La communication touche l'ensemble des sphères de la vie. Tout être humain utilise des signaux pour transmettre des informations et des sentiments. Nous communiquons par des sourires, par des mouvements des yeux, par des grimaces. Un frisson indique qu'on a froid ou traduit la peur.

La parole hausse le niveau de la communication bien au-dessus des possibilités du langage corporel. En racontant une histoire, on transmet un discours moral et tout un bagage culturel.

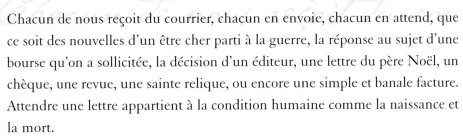

Comme elle ne connaît pas l'écriture, une culture orale trouve d'autres moyens pour nourrir sa mémoire collective. Ainsi, au Canada, la Confédération des six nations iroquoises se servait souvent de moyens mnémotechniques, telle la ceinture de *wampum,* pour conserver et célébrer ses traditions.

La parole règne sur le plancher de la Bourse, au marché et au bureau, à la pause-café. « La parole ou les potins, écrivait le romancier Robertson Davies, sont l'herbe de la vie », que nous « ruminons sans relâche, avec un intarissable plaisir ». (Traduction libre.) Selon Arlette Farge, historienne de Paris au XVIIIe siècle, la parole y était si importante qu'on la considérait comme sacrée : « Mouvante, rapide, déformante et déformée, motrice de sociabilité, créatrice de secousses comme de solidarités, la parole, malgré tout, est prise du mot. »

Si la parole est le fil de chaîne de la communication, alors la lettre en est la trame. Comme une tapisserie, une lettre recèle nos pensées les plus intimes. Écrite sur du papier artisanal ou au dos d'une enveloppe, au stylo ou au crayon, et scellée par de la cire ou de la colle, toute lettre est confidentielle. Et pourtant, le contenu d'une lettre reste rarement confiné aux deux interlocuteurs : il peut être lu à voix haute devant toute la famille. À elle seule, une lettre peut faire tomber un empire, contribuer à l'essor d'un commerce, lancer une carrière.

La lettre peut revêtir un caractère très public. Depuis toujours, on peut lire dans les pages éditoriales des quotidiens l'expression enthousiaste d'opinions diverses touchant la société ou la politique. Au milieu du XXe siècle, des pages destinées aux femmes répondaient à des lettres anonymes qui remettaient tout en question, cela pouvant aller des problèmes éthiques et moraux jusqu'aux soupirs amoureux d'une pauvre tourmentée (« Est-ce un crime que d'être mariée à un homme que je n'aime pas ? », pouvait-on lire), en passant par des préoccupations plus domestiques, telles que le moyen d'éliminer une tache d'encre sur un chemisier de soie.

Aujourd'hui, le réseau postal est un gigantesque système rassemblant bureaux de poste, centres de tri et réseau international. Ainsi, quels que soient la forme ou le but d'une lettre, l'expéditeur, quand il dépose celle-ci à la poste, est confiant qu'elle arrivera à bon port, où que ce soit sur la planète. Cette confiance

Le cor postal est l'un des plus anciens symboles de la poste, et on le retrouve fréquemment dans l'héraldique. En 1832, les courriers qui remontaient la rivière des Outaouais depuis Montréal soufflaient dans un cor pour annoncer l'arrivée du courrier.
MCP 1974.1310.1. (CD)

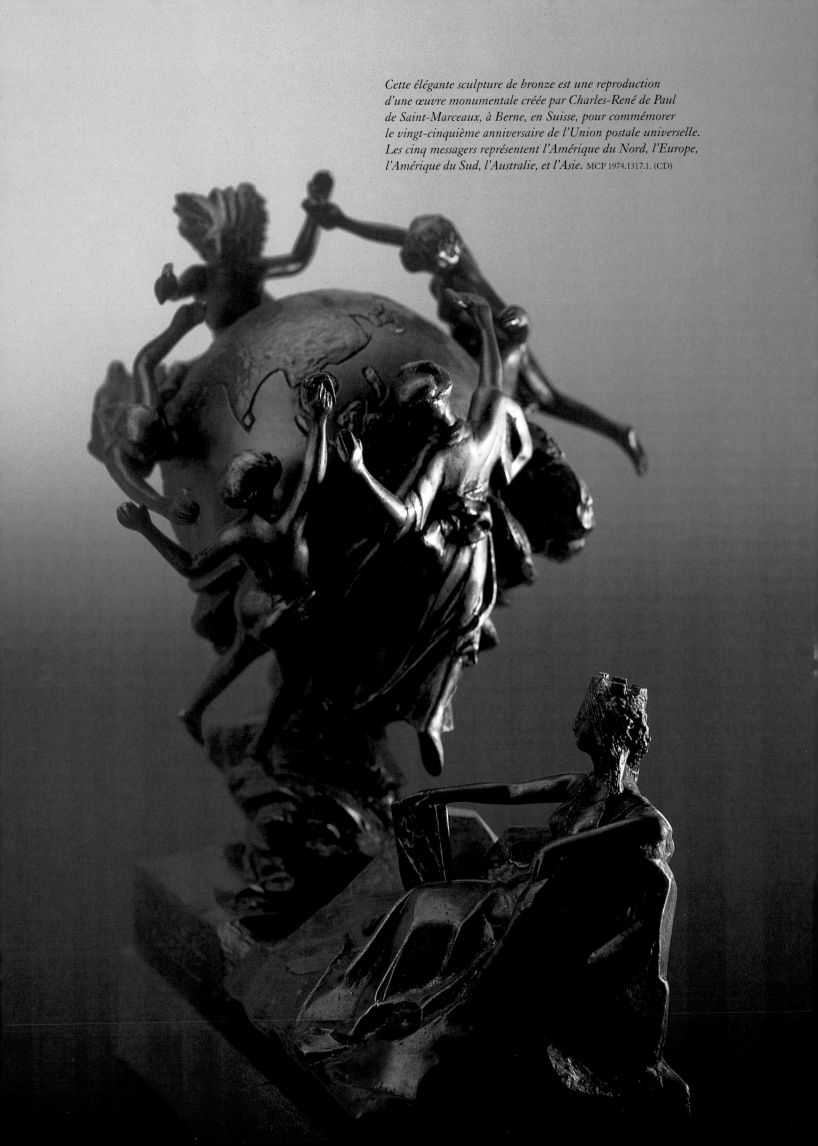

Cette élégante sculpture de bronze est une reproduction
d'une œuvre monumentale créée par Charles-René de Paul
de Saint-Marceaux, à Berne, en Suisse, pour commémorer
le vingt-cinquième anniversaire de l'Union postale universelle.
Les cinq messagers représentent l'Amérique du Nord, l'Europe,
l'Amérique du Sud, l'Australie, et l'Asie. MCP 1974.1317.1. (CD)

inébranlable est l'héritage que nous a légué le réseau postal international, le « village postal », précurseur séculaire du village global de McLuhan.

L'Union postale universelle

En 1875, à Berne, en Suisse, vingt-deux pays fondèrent l'Union postale universelle (UPU), afin de fixer les règles du trafic postal international. L'UPU fut l'une des premières organisations internationales du monde moderne. Le Canada s'y joignit en 1878. On établit progressivement des normes tarifaires et des règles de fonctionnement, pour faire face à l'augmentation croissante du volume des lettres, des colis et des mandats-poste circulant d'un pays à l'autre. On décida d'affranchir les lettres destinées aux pays étrangers de timbres-poste de couleur bleue et d'indiquer la valeur de ceux-ci en chiffres arabes, ce qui contribua à établir un langage numérique commun et universel.

En 1907, l'UPU réduisit le tarif des envois internationaux à vingt-cinq centimes pour les vingt-cinq premiers grammes, ou à cinq cents pour la première once. Le ministre des Postes du Canada déclara alors avec beaucoup d'assurance : « Pour envoyer une lettre de taille moyenne à l'étranger, il ne sera désormais plus nécessaire d'écrire sur un papier si mince que les mots y sont illisibles, et si l'on souhaite envoyer une lettre plus longue, les coûts seront considérablement réduits. » Grâce à cette décision, les immigrants, toujours plus nombreux au Canada, purent rester plus facilement en contact avec leur pays d'origine. Tout d'un coup, le monde était devenu plus petit.

Aujourd'hui, l'UPU, qui compte cent quatre-vingt-neuf pays membres, constitue un élément essentiel du système postal international. Elle est un symbole de coopération mondiale, évoquant pour nous les divers liens postaux qui unissent le Canada au reste du monde.

À gauche : Les coulisses du centre de tri de Vancouver. (LG)

Dans les années 1940, c'est grâce à la poste que le pays pouvait suivre l'actualité. MCP (CD)

Ci-dessous : Un jeune vendeur de journaux crie la une, vers 1905.
Archives photographiques Notman, Musée McCord d'histoire canadienne, Montréal, MP-0000.586.112.

Au centre de tri de Halifax, en Nouvelle-Écosse, une factrice trie le courrier. (JS)

Ci-dessous : La poste est présente partout. MCP (CD)

En bas : (à gauche) L'usage du mandat-poste au bureau de poste d'Ottawa. (SD) ; (à droite) L'attente des colis, en 1928. ANC, PA-061991. (Eugene M. Finn)

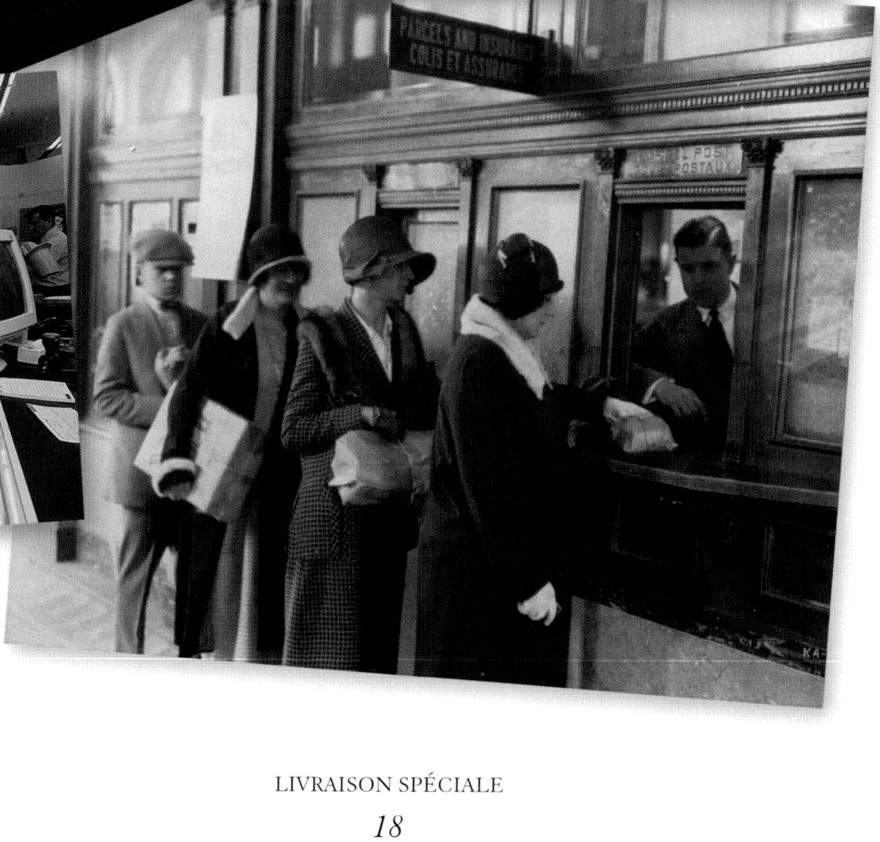

L'héritage du passé

Pour les civilisations anciennes, l'écrit permettait de conquérir le temps et l'espace. Un monarque ne pouvait tout simplement pas ignorer l'influence et le pouvoir politique de l'écrit. « La plume et l'épée se soutenaient l'une l'autre, écrivait Harold Innis. Le transport efficace des messages écrits, dûment signés et scellés, était essentiel au pouvoir militaire et au déploiement des ressources de l'État. » (Traduction libre.)

Tout le long de la vallée du Nil, les messagers royaux de l'Égypte ancienne livraient les missives rédigées sur du papyrus. Les cavaliers de l'Empire perse portaient les dépêches de leur roi, Cyrus le Grand, depuis Babylone. Entre les postes, ou *hippones,* situées à intervalles réguliers, et la capitale, Babylone, les échanges étaient faciles et efficaces. De même, le *cursus publicus* de Rome était constitué d'un réseau de postes, appelées *mutationes,* situées tous les douze kilomètres. Au Japon, le long de la Tokaido, entre Tokyo et Kyoto, cinquante-trois relais s'offraient aux voyageurs et aux messagers.

Jusqu'au XVIe siècle, la diffusion de l'information le long de ces itinéraires fixes était encore très lente. Sur la route reliant Istanbul aux Balkans, on trouvait, à une journée d'intervalle, des étapes appelées caravansérails ; on y dormait à l'intérieur des galeries qui entouraient la cour, tandis qu'on offrait aux chevaux la place d'honneur, au centre. L'historien Fernand Braudel fait remarquer que la vitesse à laquelle l'information pouvait parvenir à Venise d'un peu partout en Europe a très peu changé de 1500 à 1765, la distance maximale franchie étant d'une centaine de kilomètres par jour. Seules les cités les plus prospères pouvaient se permettre les routes les plus rapides.

Il était fort imprudent, pour les messagers, de s'aventurer hors des itinéraires tracés, qui, seuls, leur garantissaient qu'ils trouveraient ce dont ils avaient besoin : des étables, des vivres et un logis. Il en allait de même pour les

Les armoiries de la poste canadienne.
MCP 1974.2153.1. (CD)

Reproduction d'une pierre de 1635, qui se trouve maintenant au South African Cultural History Museum. Quand les navires doublaient le cap de Bonne-Espérance, à l'allée ou au retour de l'Inde ou de l'Orient, les matelots déposaient des lettres sous ces pierres dans l'espoir qu'un navire allant dans la direction opposée les prenne en charge. Parfois, des messages étaient inscrits directement sur la pierre. MCP LH96.15.1. (CD)

voyages par mer : les navires s'éloignaient rarement de leurs routes habituelles
et faisaient toujours escale dans les mêmes ports d'attache, pour y faire provision
d'eau douce et de vivres et y échanger le courrier.

Au début de l'époque moderne, de véritables services postaux firent leur
apparition. Certains, tels ceux d'Angleterre et de France, étaient sous l'autorité
de l'État. Une entreprise privée, à l'initiative des Habsbourg, fut à la base du
monopole postal des Tour et Tassis en Europe centrale et en Europe méri-
dionale. À partir du XVᵉ siècle, ce monopole distribuait tout le courrier de
l'empire des Habsbourg, de l'Italie aux Pays-Bas, de la Sicile à l'Espagne.
Tout comme pour les anciens empires de Perse et de Rome, un réseau postal,
avec des itinéraires fixes et sûrs, était essentiel pour échanger l'information et
conserver le pouvoir.

Tout au long de l'histoire des civilisations antiques et modernes, le pouvoir
politique a été à la source des transformations de la poste. Après la chute de
l'Empire romain, cependant, le pouvoir en Europe ne se
retrouva plus jamais entre les mains d'une seule et unique
autorité. Le système postal fut le théâtre de nouvelles initiatives.
Au Moyen Âge, les monastères, les universités et les villes
mirent en place leurs propres systèmes de messagerie. Plus
tard, les marchands des grandes cités italiennes, Venise et
Gênes notamment, qui souhaitaient faire circuler en toute
sécurité leurs biens, leur argent, et leurs renseignements,
créèrent un réseau commercial qui servit aussi à la distribution
de l'information, en nommant des agents dans les grands

Un facteur livrant son courrier au dépanneur Super Mike's, à Halifax, en Nouvelle-Écosse. (JS)

centres de l'économie de plus en plus mondialisée de cette époque. Ainsi liés les uns aux autres, ces agents formaient un réseau postal officieux. C'est cette même idée d'un réseau privé que Champlain et ses successeurs implantèrent en Amérique du Nord en fondant la communication postale de la Nouvelle-France.

Ce réseau servit plus tard d'inspiration pour le réseau postal du Canada moderne, dont les origines remontent à la période coloniale britannique. Après la Confédération, le réseau fut confié à la seule autorité d'une administration relevant du Dominion du Canada, le ministère des Postes, qui mit en place un service postal à l'échelle du pays. Le courrier était transporté au Canada et dans le monde en diligence, en camion, en wagon postal, et enfin par avion. Le réseau postal était si vaste et frappait à ce point l'imagination qu'il devint bientôt un élément important de la culture populaire canadienne.

La poste est plus qu'un simple système de distribution du courrier. En tant qu'institution, elle est en constante évolution, pour mieux correspondre à l'idée que s'en font d'une part ses clients, le public, et d'autre part ses employés, depuis les commis qui trient le courrier jusqu'aux facteurs qui le livrent de porte en porte et aux maîtres de poste qui sont au service des communautés rurales. C'est le cycle éternel de la communication : chaque message obtient une réponse, chaque lettre donne naissance à d'autres lettres, et c'est ainsi que la poste nous permet de rester en contact avec tout ce qui nous tient à cœur en ce monde.

« PRÊTE-MOI TA PLUME POUR ÉCRIRE UN MOT »

Bianca Gendreau

L'écriture est née en Mésopotamie, en Asie occidentale, il y a de cela quelque cinq mille ans. Pour répondre à leurs besoins de comptabilité, les Sumériens inventèrent les pictogrammes, c'est-à-dire des signes représentant les réalités concrètes qu'ils désignaient, soit des objets de la vie quotidienne, des animaux et des parties du corps. Au cours des siècles, les scribes transformèrent cette écriture en caractères plus complexes afin de représenter des idées abstraites.

Quelle que soit sa forme, l'acte d'écrire sollicite tant les sens que l'esprit et requiert un minimum d'instruments appropriés. Les scribes de la Mésopotamie inscrivaient les listes ou les inventaires qu'ils dressaient sur des tablettes d'argile, à l'aide d'une tige de roseau taillée en pointe appelée « calame ». Ainsi prit naissance l'écriture cunéiforme (du latin *cuneus,* signifiant « clou » en latin). La tablette était parfois enrobée d'une seconde couche d'argile sur laquelle le scribe inscrivait le nom du destinataire ou recopiait son message. Il va sans dire qu'il s'agissait d'envois relativement fragiles.

Alors qu'en Mésopotamie on utilisa les tablettes d'argile durant plus de deux mille ans, d'autres supports d'écriture virent le jour dans le monde antique, chaque civilisation créant le sien à partir d'une matière première qu'elle trouvait en abondance. En Égypte ou en Chine, on écrivait sur la pierre, le papyrus et la soie. La découverte du procédé de fabrication du papyrus — à partir des fibres d'un type de roseau du même nom qui croissait sur les bords du Nil — a profondément transformé l'écriture. De l'Égypte, où on l'utilisait plus de trois mille ans avant Jésus-Christ, cet ancêtre du papier se répandit dans tout le bassin méditerranéen.

Cependant, des tablettes de bois recouvertes de cire, moins coûteuses que le papyrus, étaient également utilisées dans tout l'Empire romain, où elles restèrent le principal support de

Fragment d'une lettre écrite sur un papyrus du IVᵉ siècle de notre ère.
MCP 1974.2132.1. (CD)

Ci-contre : Écritoire de voyage de la fin du XIXᵉ siècle, contenant du papier à lettres, de la cire à cacheter, des sceaux, un encrier ainsi que des plumes. Les officiers, les commis de l'État et les commis voyageurs, notamment, possédaient souvent un tel objet. MCP 1994.154.1. (CD)

Tablette d'argile cuite où figure une opération commerciale ; elle provient de la ville d'Uruk, en Mésopotamie, et date d'environ 2043 avant notre ère. Le même texte est répété sur l'enveloppe, sans doute pour assurer la sauvegarde du message. MCP 1974.2127.1. (CD)

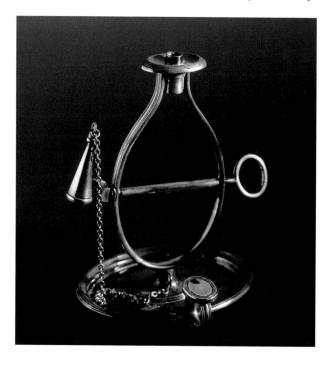

Copie d'un lissoir à papyrus datant de l'époque prédynastique, vers 3600 avant notre ère. On croit que le scribe utilisait le lissoir pour aplanir les feuilles de papyrus et repolir les surfaces détériorées par la correction des fautes. L'original est conservé au Musée des Beaux-Arts de Lyon. MCP LH98.1.1. (CD)

l'écriture jusqu'à l'apparition du parchemin. On creusait une première tablette en laissant un rebord de façon qu'on puisse y faire couler une couche de cire ; une seconde tablette servait de couvercle. On y écrivait à l'aide d'un petit instrument appelé « stylet », et qui était en os, en métal ou en ivoire. Une extrémité du stylet était pointue ; l'autre, en forme de spatule, permettait d'effacer les caractères en lissant la cire. Le destinataire pouvait ainsi effacer le message et rédiger sa réponse sur la même tablette.

Inventé à Pergame, en Asie Mineure, le parchemin se répandit à partir du IIe siècle avant Jésus-Christ et remplaça dès le début du Moyen Âge le papyrus égyptien — rare et cher — et les encombrantes tablettes de cire. Fabriqué à partir de peaux d'animaux, le parchemin était mince, souple, et facile à manipuler et à transporter. Parmi les instruments du copiste, on trouvait alors l'encre et les encriers, des couteaux affûtés pour tailler le parchemin et pour gratter les fautes. Avant de commencer son travail, le copiste préparait sa page de parchemin, c'est-à-dire qu'il déterminait la surface où il écrirait et la marge nécessaire à la reliure. Le texte tenait parfois sur une, deux ou même trois colonnes.

Si les tablettes d'argile tombèrent rapidement en désuétude, la soie, le papyrus, les tablettes de cire et le parchemin furent concurremment utilisés jusqu'à la fin du Moyen Âge. Car bien que le papier — une invention des Chinois — date du début de notre ère, il mit longtemps à conquérir le monde.

Bougeoir à cacheter : enroulée sur la tige centrale, la cire en est détachée grâce à la petite manivelle. MCP 1994.58.1. (CD)

Une feuille pour t'écrire

Le papier arriva en Occident au XIe et au XIIe siècle. Il se répandit partout en Europe grâce aux conquêtes arabes. L'avènement de l'imprimerie, au XVe siècle, marqua le déclin du parchemin. Le papier devint alors le support presque exclusif de tous les écrits.

Jusqu'à ce que les enveloppes fabriquées industriellement arrivent sur le marché, vers 1850, on devait se contenter, pour sceller une missive, de replier la feuille et d'appliquer de la cire chaude sur le joint du rabat ; une fois durcie, la cire garantissait indubitablement le secret de l'envoi.

Lorsqu'on possédait un sceau, celui-ci permettait d'imprimer ses armoiries ou ses initiales dans la cire tiède. Le sceau était habituellement fait d'un métal, l'or ou l'argent, ou d'une pierre précieuse, l'agate, l'émeraude ou le rubis, gravé en creux. C'était un objet de luxe, il va sans dire. Si la plupart des sceaux étaient assez lourds et demeuraient sur le secrétaire, certains, finement ciselés, pouvaient être portés comme des bijoux.

Au milieu du XIXe siècle, le papier à lettres était généralement de petites dimensions (13 cm sur 18 cm) et se vendait par paquets de vingt-quatre ou de vingt-cinq feuilles. Malgré les préceptes mis de l'avant dans les manuels sur l'art d'écrire, on écrivait souvent dans un sens, et puis dans l'autre, sur la même feuille, afin d'économiser le papier. Même si l'emploi du papier de couleur était considéré comme un manque de distinction, ce papier servait abondamment

Page titre et frontispice de B. A. Turner, The Fashionable Letter Writer, or, The Art of Polite Correspondence. *London, Dean & Munday and A. K. Neuman, [188?], manuel destiné à l'auteur en mal d'inspiration. Fort populaires au XIXe siècle, ces manuels proposent des exemples de lettres et de réponses pour toutes les circonstances de la vie, et donnent également des conseils de bienséance épistolaire.* Musée de la civilisation, bibliothèque du Séminaire de Québec, fonds ancien. (Jacques Lessard)

Grattoir du milieu du XIXe siècle.
MCP 1986.85.4. (CD)

dans la correspondance personnelle et on en trouvait dans de nombreux catalogues de vente par correspondance.

Au milieu du XIXe siècle, les marchands de papier et les imprimeurs savaient répondre aux besoins de la nouvelle clientèle : papiers fins, gaufrés, à monogramme, faire-part, papier de deuil avec liséré noir, cartes de souhaits…

Très populaires à la fin du XIXe siècle, les cartes de souhaits étaient ornées de motifs floraux sur le pourtour. Avec leurs scènes champêtres, envols d'oiseaux ou compositions florales, elles dégagent aujourd'hui un charme désuet. L'époque était friande de rituels, et les codes sociaux régissaient le déroulement de la vie quotidienne. L'amour était, forcément, romantique. Faire la cour était une activité qui requérait beaucoup de soin, et l'art épistolaire s'inscrivait dans une série de pratiques de bienséance. Cela exigeait des lettres d'introduction, des cartes de visite et des invitations, qui devaient témoigner du bon goût et de la sincérité du soupirant. Si le jeune homme craignait de commettre un impair, il pouvait consulter les livres d'étiquette et de bonne conduite ; les journaux et les revues féminines publiaient également des articles à ce sujet.

Encrier de voyage en laiton ciselé du XIXe siècle. MCP 1993.77.1. (CD)

Collection d'encriers. Comme en témoignent l'ingéniosité de la conception et la richesse de certains matériaux, l'encrier est souvent un symbole du statut social de son propriétaire. MCP (CD)

« Je vous aime »

La pratique d'envoyer des cartes de la Saint-Valentin constituait un élément important du cérémonial amoureux. Ces cartes étaient destinées surtout à l'être aimé, mais parfois aussi à des amis auxquels on désirait témoigner son affection. Au début, les cartes étaient faites à la main et l'amoureux écrivait lui-même le poème qu'il destinait à sa dulcinée. Pour lui venir en aide, il existait de petits manuels de versets qui pouvaient être recopiés dans les cartes, versets romantiques, comiques et même humoristiques. Certains vers étaient conçus spécifiquement pour les soldats, les personnes seules, les époux, les jeunes et les personnes plus âgées.

Les cartes de la Saint-Valentin ont été commercialisées vers 1840. Époque victorienne oblige, elles étaient de fabrication somptueuse : cœurs entrelacés, en soie, en dentelle de papier, en satin piqué et même en velours, parfois décorés de nœuds de rubans qui pouvaient comporter plusieurs boucles en forme de cœur.

On affectionnait également les cupidons, avec leur flèche invisible transperçant le cœur des amoureux. La harpe signifiait l'harmonie ; des colombes dorées, le bonheur conjugal ; et des oiseaux s'affairant près d'un nid dans le feuillage, la fertilité. Certaines cartes étaient si décorées qu'on devait les placer dans une boîte avant de les mettre à la poste.

Cartes de la Saint-Valentin de fabrication industrielle, en dentelle de papier, datant des années 1840. Les souhaits sont écrits à la main. La loupe en forme de cœur est faite entièrement de verre. MCP 1998.94.1. (CD)

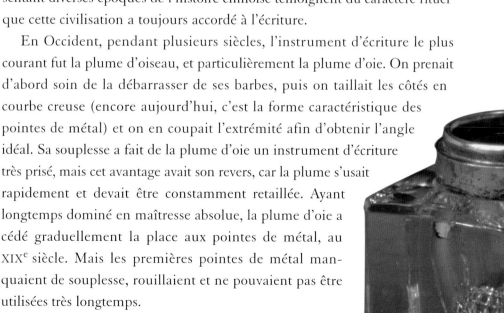

Dès 1898, les Canadiens ont pu également se procurer des cartes postales illustrées. Rapidement, ce petit rectangle de carton surnommé « la petite reine des postes » ou « le téléphone du pauvre » a suscité un véritable engouement et déclenché les passions chez de nombreux collectionneurs.

« À vos plumes ! »

En Chine, l'utilisation du pinceau a donné lieu à des caractères d'écriture fort complexes. Les pinceaux, les porte-pinceaux en ivoire ou en cristal de roche, les écritoires de laque décorées de fil d'or et les godets d'eau en porcelaine représentant diverses époques de l'histoire chinoise témoignent du caractère rituel que cette civilisation a toujours accordé à l'écriture.

En Occident, pendant plusieurs siècles, l'instrument d'écriture le plus courant fut la plume d'oiseau, et particulièrement la plume d'oie. On prenait d'abord soin de la débarrasser de ses barbes, puis on taillait les côtés en courbe creuse (encore aujourd'hui, c'est la forme caractéristique des pointes de métal) et on en coupait l'extrémité afin d'obtenir l'angle idéal. Sa souplesse a fait de la plume d'oie un instrument d'écriture très prisé, mais cet avantage avait son revers, car la plume s'usait rapidement et devait être constamment retaillée. Ayant longtemps dominé en maîtresse absolue, la plume d'oie a cédé graduellement la place aux pointes de métal, au XIXᵉ siècle. Mais les premières pointes de métal manquaient de souplesse, rouillaient et ne pouvaient pas être utilisées très longtemps.

Pour supprimer les malencontreuses fautes qui pouvaient se glisser dans le message, on utilisait un petit instrument effilé, ou « grattoir », fait de métal et parfois d'argent. L'opération ne manquait pas, toutefois, d'abîmer le papier, rendant la portion touchée impropre à l'écriture. On répandait alors une fine poudre — de craie ou d'os de seiche broyés — sur la feuille puis, à l'aide d'une agate, on lissait le papier.

Que l'on écrivît avec une plume d'oie ou une pointe de métal, il n'en fallait pas moins replonger sans cesse l'instrument dans l'encrier… Cette nécessité d'un approvisionnement ponctuel avait des inconvénients : le trait, foncé au départ, s'estompait graduellement, puis redevenait foncé tout d'un coup. Quelquefois, l'auteur du message, peut-être emporté par sa verve, négligeait de tremper sa plume et écrivait des mots que seules les traces de la pointe sèche sur le papier permettaient de déchiffrer. Parfois, on s'en excusait dans sa lettre. Ces inconvénients, dus au caractère rudimentaire de la technique utilisée, devaient en gêner plusieurs, car naquit l'idée d'inventer une plume pouvant contenir sa propre réserve d'encre.

Magnifique encrier de bronze fabriqué par Tiffany, dans les années 1920, et ayant appartenu à un magnat forestier de la vallée de l'Outaouais. MCP 1994.141.1. (CD)

Porte-plumes en nacre et en ivoire et stylos plume.
MCP (CD)

Plusieurs expériences furent tentées en ce sens, et c'est à un agent d'assu-rances américain, Lewis Edson Waterman, que l'on doit la première véritable percée : Waterman met au point un conduit dans lequel l'encre glisse douce-ment tandis que l'air remonte vers le réservoir. Le 12 février 1884, il dépose son premier brevet d'invention d'un stylo plume. Lors de l'Exposition universelle de Paris, en 1889, il lance sur le marché environ trente mille pièces. Peu à peu, d'autres systèmes apparaissent, comme les modèles à levier ou à pompe imaginés par Walter A. Sheaffer en 1908, ou les *self-fillers* de George Parker ; ils connaissent tous une large diffusion.

Avec l'arrivée du stylo plume, le cérémonial de l'écriture, qui nécessitait patience et habileté, devient pratique courante. La fantaisie gagne les fabricants, et on voit des modèles faits de différents métaux, aux finitions texturées et patinées. Puis les premiers stylos plume en plastique de couleur apparaissent.

La Première Guerre mondiale marque un tournant dans ce marché : d'une part, le volume du courrier augmente substantiellement et, d'autre part, le stylo plume est un cadeau peu encombrant et pratique, un des très rares objets personnels que les soldats emportent dans les tranchées.

Avec l'apparition de la cartouche, au milieu des années 1930, les problèmes liés au remplissage sont résolus ; les avantages de cette innovation : propreté, sécurité, portabilité et visibilité du niveau d'encre. Quelques années encore et les instruments traditionnels de l'écriture — encrier, essuie-plume, porte-plume — auront pratique-ment disparu.

Ensemble d'écriture de voyage datant de la fin du XVIIIe siècle. MCP 1994.54.2. (CD)

Les lettres : nous adorons en écrire, nous adorons en recevoir. (JS)

Ensemble d'écriture offert en cadeau à Juliette Labelle, en 1915, comme en témoigne la note manuscrite accompagnant la petite boîte. MCP 1999.75.1.0. (CD)

Machine à écrire de marque Underwood, 1923-1924. MCP 1994.163.1. (CD)

Les stylos plume demeurent très populaires jusqu'aux
années 1940, moment où se répand le stylo bille — dont la
pointe consiste en une bille de métal qui se meut librement à l'extrémité d'un petit canal d'alimentation pour
l'encre. On en avait vu les premiers modèles dès 1895,
mais c'est un Hongrois vivant en Argentine, Lazlo
Biro, qui le commercialisera : appelé couramment « le
Biro », le stylo bille devient extrêmement populaire au
cours des années 1940.

Quant aux machines à écrire, elles demeurent pra-
tiquement confinées aux tâches commerciales, laissant
aux stylos le vaste champ du courrier personnel.

Acheminées par milliers chaque jour, les lettres
demeurent, du parchemin au vélin, nos ambassadrices
aux quatre coins du monde. À l'ère des communications téléphoniques et du
courrier électronique, on apprécie leur touche personnelle. Et la lettre a plus
de durée : on peut la relire à satiété, la manipuler plusieurs fois et même la
conserver sur soi si le message nous est cher. Le plaisir de recevoir une lettre
n'est-il pas un des éléments souvent mentionnés dans la correspondance ?

L'ÉPOQUE COLONIALE

John Willis

À partir du XVIIe siècle, et pendant plus de deux cents ans, le Canada a été successivement une colonie de la France et de la Grande-Bretagne. Les communications étaient subordonnées aux objectifs impériaux. Jusqu'au début du XIXe siècle, ces objectifs consistaient à exploiter les ressources naturelles et agraires : pelleteries, pêche, cultures céréalières, et, par voie de conséquence, à exploiter les cultivateurs, les pêcheurs et les Amérindiens. Les routes du commerce, en ces débuts de l'histoire canadienne, ne servaient pas qu'aux échanges d'information et de biens : c'étaient aussi les routes du pouvoir, et c'est à l'ombre de ce pouvoir qu'a été créé le système postal.

Les Français, ou les débuts de la poste au Canada

Que les Français aient réussi, au XVIIe et au XVIIIe siècle, à étendre leur influence commerciale et militaire à l'échelle du continent, de la Louisiane au sud jusqu'à Louisbourg (Acadie) au nord-est, et jusqu'aux Pays d'en haut (la région des Grands Lacs) à l'ouest, constituait un exploit remarquable. Conserver cet empire représentait un défi de taille ; pour y parvenir, il fallait une stratégie de communication efficace. La stratégie adoptée était en réalité un amalgame de trois systèmes complémentaires : le transport maritime transatlantique, les routes du commerce des fourrures et, enfin, les chemins terrestres et fluviaux de la vallée du Saint-Laurent.

Plume, bouteille d'encre et encrier sur une carte. C'est grâce à ces outils que la France assura son empire en Amérique du Nord. Bouteille d'encre : MCP 1994.46.1. Encrier : MCC, Division d'histoire 988.29.91. Carte : ANC, NMC-0021100. (CD)

À gauche : Secrétaire du XVIIe siècle, dit « Secrétaire Mazarin ». L'écrin en cuir porte le monogramme de Louis XV. Il était vraisemblablement utilisé par les messagers du roi. Musée des Augustines de l'Hôtel-Dieu de Québec. (CD)

Frégate française du XVIIIe siècle, à bord de laquelle le courrier parvenait aux colonies. Bibliothèque nationale du Canada.

Inconnu, Portrait d'homme, *sanguine sur papier, 14,5 x 11,1 cm.* Musée du Québec 67.202. (Patrick Altman)

Le transport du courrier entre la France et la colonie était entièrement à la merci des variations saisonnières, des vents et des marées de l'Atlantique Nord. Pendant l'hiver, par exemple, il était virtuellement impossible d'expédier du courrier hors de la vallée du Saint-Laurent : la navigation était extrêmement dangereuse dans le golfe en novembre et en décembre, quand les glaces commençaient à s'accumuler.

Parfois, un navire bravait l'interdiction, comme le *Marie Anne,* qui appareilla de Québec le 6 novembre 1725, en direction de la Martinique. Le bateau s'échoua dans le Saint-Laurent, à l'ouest de l'île Verte. Le capitaine André Corneille et son équipage de dix hommes durent passer l'hiver sur la terre ferme. Le seigneur de Trois-Pistoles, Jean Riou, offrit son aide pour réparer l'avarie, et le *Marie Anne* put repartir en septembre de l'année suivante. Mais qui sait combien de lettres furent retenues tout cet hiver au Canada ? C'est pourquoi le comte de Maurepas, ministre français de la Marine, interdit dès 1727 l'appareillage de navires en partance de la colonie après le 20 octobre.

Isolés de la France pendant de longs mois, les habitants de la colonie attendaient impatiemment la première arrivée saisonnière du courrier, soit, habituellement, en juin ou en juillet. Ils dégustaient ce courrier comme un « fruit défendu ». Il était même fréquent que des barques accostent les vaisseaux qui s'approchaient du port et que les passagers de ces barques demandent qu'on leur remette le courrier. Cette pratique avait souvent des conséquences funestes. En juillet 1732, elle fut interdite par l'intendant Hocquart, et dès lors, on donna l'ordre aux capitaines de vaisseau de déposer le courrier en un endroit convenu, de sorte que la confidentialité des lettres soit assurée.

En dépit de ces restrictions et de l'absence d'un véritable service postal, les colons réussissaient à s'adapter, inventant d'ingénieuses méthodes de livraison du courrier. Souvent les voyageurs acceptaient de transporter des lettres ; on faisait des ententes avec les capitaines de vaisseau, et plus loin avec des agents dans plusieurs ports de France, pour s'assurer que le courrier arrive bien à destination. Ainsi naquit une sorte de poste officieuse, une chaîne humaine qui assura le transport du courrier d'un côté à l'autre de l'Atlantique.

De même, on mit en place un réseau de communication pour relier les lointaines possessions des Pays d'en haut aux régions habitées de la vallée du Saint-Laurent. Ce réseau se superposait aux routes servant au commerce des fourrures. Ces routes étaient aménagées, pourvues et mises en valeur par les Français et leurs alliés amérindiens.

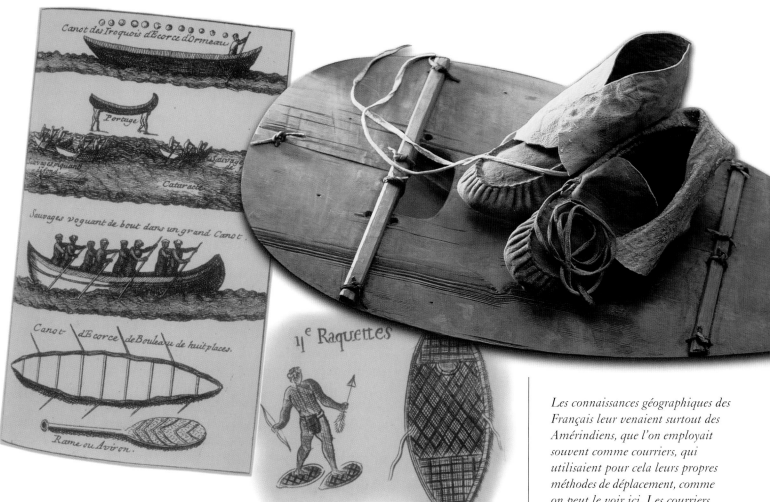

Les connaissances géographiques des Français leur venaient surtout des Amérindiens, que l'on employait souvent comme courriers, qui utilisaient pour cela leurs propres méthodes de déplacement, comme on peut le voir ici. Les courriers portaient des dépêches au nom des représentants du roi, et, surtout, les nouvelles encore fraîches des forts, des missions et des villes par où ils étaient passés. MCC, Service canadien d'ethnologie : Raquettes III-E-83 a ; Mocassins III-E-5 a-b (CD). Illustrations : Louis Armand baron de Lahontan, *Nouveaux voyages de M. le Baron de Lahontan dans l'Amérique septentrionale*, La Haye, Chez les Frères l'Honoré, 1715, p. 34 et 72. Musée Stewart au Fort de l'île Sainte-Hélène, Montréal (Québec).

Au début des années 1720, le père Charlevoix, explorateur, professeur à Paris et jésuite de haut rang, fit le voyage du Canada jusqu'à Detroit, puis, en passant par le lac Michigan, jusqu'au bassin du Mississippi, il se rendit jusqu'à La Nouvelle-Orléans. Ses voyages firent évoluer les connaissances géographiques de l'époque — recherche de portages commodes, de routes convenant aux canots, etc. Même si ses descriptions étaient parfois inexactes, elles permirent aux Français de fixer des itinéraires praticables sur l'ensemble de leur vaste territoire. Chacun de ces itinéraires pouvait être parcouru en quelques jours, ce qui facilitait ainsi grandement les déplacements des voyageurs et le transport du courrier.

Faire parvenir le courrier depuis l'intérieur du continent jusqu'en France était loin d'être facile. Les canots qui transportaient les lettres et les peaux ne pouvaient être mis à l'eau qu'à la fonte des neiges, soit à la fin d'avril, et devaient tâcher d'arriver à Québec avant le départ des derniers vaisseaux pour la France, en octobre. Les contraintes relatives à ces deux moyens de transport étaient difficilement conciliables. Les habitants de la vallée du Saint-Laurent, quant à eux, pouvaient compter sur un service postal plus régulier.

La plus grande partie du courrier destiné à la vallée du Saint-Laurent était transportée dans des bateaux à voile qui faisaient la navette entre Québec et Montréal. Le gouverneur et l'intendant nommèrent, en 1733, un « patron de chaloupe » qui transportait des messages en leur nom. Pour le transport terrestre, dès les années 1690, on désigna des messagers pour livrer le courrier

*Cette boîte aux lettres
datant d'environ 1820 se trouvait
sur le* Lady Sherbrooke. *Construit
en 1817, ce bateau à vapeur fut le quatrième
que John Molson appareilla. Les bateaux de
la compagnie Molson, et ceux de ses compétiteurs,
pouvaient aller de Montréal à Québec en vingt heures
à peine. Ils transportaient le long du Saint-Laurent des passagers,
des marchandises, des produits maraîchers et du courrier. À l'époque,
les correspondants parlaient souvent du* steamboat mail, *le courrier
des vapeurs.* Collection privée. (CD)

officiel — travail qui devint considérablement plus facile après la construction du chemin du Roi, le long du fleuve, vers 1730. Cela a constitué la base d'un réseau fort complexe de communication et de transport, bientôt desservi par de nombreux relais de poste, diligences et auberges. Lettres et potins étaient ainsi diffusés promptement par l'intermédiaire de ce réseau informel.

Grâce à ce vaste réseau terrestre et fluvial, les habitants de la Nouvelle-France s'habituèrent rapidement à envoyer et à recevoir du courrier, fût-ce avec quelque retard. Ce fut sans doute la principale contribution du Régime français à l'implantation d'un véritable service postal. Les Britanniques accueillirent cet héritage et le firent fructifier.

Les Britanniques, ou un réseau postal officiel

Sous le Régime britannique, la poste connut une profonde transformation. Dès 1763, un service postal fut officiellement instauré dans la vallée du Saint-Laurent. On traça des itinéraires, on construisit des bureaux de poste et on nomma un sous-ministre des Postes pour diriger l'ensemble du réseau.

En Nouvelle-Écosse, l'autorité postale impériale fut exercée par toute une série de sous-ministres des Postes, dont la fonction principale était d'assurer, en hiver, le transport transatlantique du courrier entre le Canada et la Grande-Bretagne. Ce service fut mis en place en 1785 ; le courrier était livré men-

Ancien relais de poste, sur le chemin du Roi, à Deschambault, au Québec, vers la fin du XIXe siècle. L'hiver était sans doute la haute saison pour les relais et auberges entre Québec et Montréal, étant donné que le fleuve était pris dans les glaces de la fin de novembre jusqu'en mai. (Collection privée) *En mortaise : l'aspect de l'édifice aujourd'hui.* (CD)

Modèle réduit, avec tous ses gréements, du Marquis of Salisbury, qui transportait le courrier de Falmouth, en Angleterre, à Halifax, en Nouvelle-Écosse, vers 1820. À l'origine, la poste de Falmouth avait été établie pour faire la navette entre Falmouth et New York, en 1755. Les navires devaient obligatoirement faire escale à Halifax à l'aller et au retour.
MCP 1974.1318.1. (CD)

suellement de Québec à Halifax (bimensuellement en été) par traîneau ou voiture. Pendant la décennie qui suivit, on signa des ententes avec les autorités américaines pour que le courrier entre la Grande-Bretagne et les colonies transite par New York, pour éviter les embâcles qui paralysaient le transport du courrier en hiver. Grâce à ce détour par New York, les colons britanniques pouvaient compter sur un service postal nettement plus souple et plus sûr.

L'instauration d'une administration postale officielle ne fut que l'une des transformations des modes de communication dont furent témoins les colonies à la fin du XVIIIe et au début du XIXe siècle. À la même époque, la presse acquit une importance accrue dans la vie quotidienne des colons. Le foisonnement des livres, des journaux et du courrier favorisa la création de toutes sortes de regroupements religieux ou politiques. La poste permettait pour ainsi dire d'accélérer la diffusion des nouvelles et des opinions.

Traditionaliste rigide, l'évêque de Montréal, Mgr Jean-Jacques Lartigue, était un ardent défenseur de l'autorité épiscopale dans les affaires de l'Église et de la fidélité au roi et aux autorités coloniales dans les affaires civiles. Mais, pour répandre ses convictions, il se servait d'outils tout à fait modernes. C'était un grand lecteur de livres et de journaux, et il lui arrivait de correspondre quotidiennement avec ses supérieurs ecclésiastiques, à Québec et à Rome, et les curés de paroisse de son diocèse. Quant à son successeur, Mgr Ignace

Bourget, il était passé maître dans l'art d'obtenir des renseignements par la poste. Vers 1841, il fit imprimer des formulaires sur lesquels chaque paroisse de son diocèse devait rendre compte de ses activités, formulaires qu'on devait ensuite lui retourner par la poste. Dès les années 1850, ces formulaires appartenaient aux règles de procédure normales de l'Église.

Dans la colonie, la poste était essentielle à la bonne conduite des affaires, ecclésiastiques ou autres. Exception faite des conversations de vive voix, elle constituait certainement le meilleur outil pour obtenir des renseignements, passer des commandes, faire des transactions. La poste permettait aux gens d'affaires de commercer sans tenir compte de la distance. L'entreprise d'import-export Robertson-Masson, par exemple, avait des associés à Québec, à Montréal et à Glasgow. Factures, quittances et toutes sortes de documents reliés à l'entreprise transitaient de part et d'autre de l'Atlantique par la poste. Les agents de la société, établis dans les régions éloignées pour y régler leurs

Tampon servant à affranchir les journaux. Archives provinciales du Nouveau-Brunswick, P110-795.

Annonce de l'American Newsletter, de Charles Willmer, recueil d'articles tirés des journaux britanniques et européens et destiné aux lecteurs d'Amérique du Nord. Bibliothèque nationale du Canada, NL-22101.

En-tête de La Minerve, *quotidien montréalais, le 6 septembre 1827. Ce journal était distribué par la poste et à l'aide d'un réseau d'agents ; c'était un journal patriote, fermement opposé à la présence coloniale britannique.* Bibliothèque nationale du Canada, NL-22103.

Porte-plume et enveloppe de l'époque coloniale. MCP 1999.98.20, 1983.192.18. (CD)

affaires, restaient en contact avec les bureaux de Montréal grâce à la poste. Celle-ci permettait également aux agents itinérants d'envoyer des instructions écrites à l'avocat de la société, installé à Perth, en Ontario.

Bien entendu, tout ce courrier ne se déplaçait pas tout seul. Il fallait le transporter. À cet effet, la poste se servait de tous les moyens à sa disposition et encourageait, par là, la croissance du système des transports.

Des contrats accordés par le sous-ministre des Postes favorisèrent la création de lignes de diligence sur les routes du Haut-Canada et du Bas-Canada, et le long de la vallée de la rivière Saint-Jean au Nouveau-Brunswick. Ils favorisèrent également la navigation, à voile puis à vapeur, dans la baie de Fundy entre Digby et Saint John. Toutes sortes de cargaisons — du courrier, des passagers ou de l'argent — étaient transportées par voie de terre ou par bateau.

Avec l'intégration économique et sociale des territoires coloniaux dans les années 1830 et 1840, le système postal dut faire face à des demandes croissantes. Les colons se rendaient compte qu'il leur fallait un réseau mieux adapté à leurs besoins et à leur idéal de gouvernement autonome. La presse, en particulier, exigeait un service efficace et bon marché, réclamant sans relâche une réforme de la poste. C'est ainsi que cette dernière se trouva au cœur d'un nouveau cadre de relations qui s'établissaient entre l'Amérique du Nord britannique et Londres, siège de l'Empire.

La presse coloniale et la poste étaient des compagnes inséparables, mais qui restaient sur leurs gardes. Par la presse, l'administration postale avait accès au public : avis, contrats de transport et horaires de levée du courrier y étaient publiés sous la forme d'annonces dans les journaux. La poste pouvait même, s'il y avait lieu, attaquer ses adversaires et défendre ses positions. Inversement, la presse dépendait de la poste : les directeurs de journaux pouvaient, grâce à la poste, faire parvenir sans frais

Messages publicitaires du Bytown Gazette *du 27 septembre 1837, et de* La Minerve *du 1er octobre 1827.*
Bibliothèque nationale du Canada, NL-22096, NL-22105.

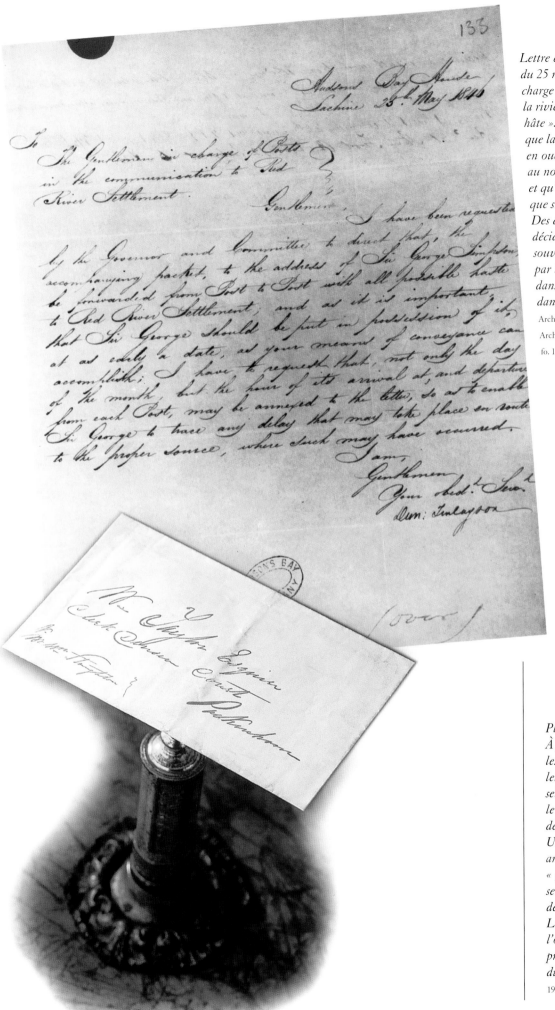

Lettre de Duncan Finlayson, du 25 mai 1846, aux « Messieurs en charge des postes », à la colonie de la rivière Rouge, à porter « en toute hâte ». Le carnet de route indique que la lettre a été transportée d'est en ouest, l'itinéraire restant toujours au nord de la frontière américaine, et qu'elle ne parvint à la rivière Rouge que six semaines plus tard, le 12 juillet. Des délais si longs firent que l'on décida d'envoyer le courrier le plus souvent selon un itinéraire passant par les États-Unis via Saint Paul, dans l'actuel Minnesota, et Pembina, dans l'actuel Dakota du Nord.

Archives de la Compagnie de la Baie d'Hudson, Archives provinciales du Manitoba, HBCA B.235/c/1 fo. 133 (N14640).

Pli et balance de l'époque coloniale. À partir du 5 janvier 1844, dans les colonies, l'affranchissement des lettres et des journaux fut déterminé selon le poids plutôt que selon le nombre de feuillets, à la suite des protestations du public. Une commission d'enquête des années 1840 déclarera que « [l]'affranchissement des lettres selon le poids semble être le souhait des habitants de nos colonies. Les marchands, et tous ceux dont l'opinion est digne de respect, préconisent unanimement l'adoption du système anglais ». MCP 1983.192.12.2, 1994.118.2. (CD)

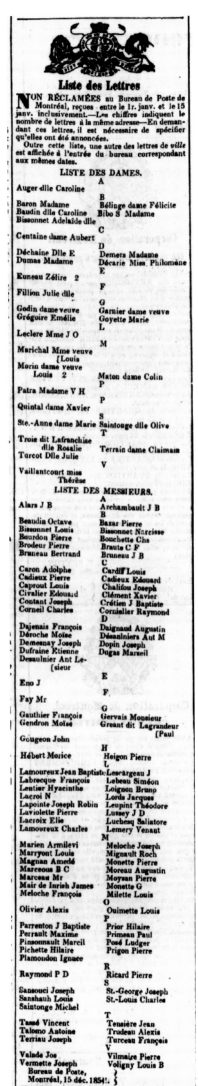

POST-OFFICE, MONTREAL, CANADA.

des exemplaires de leur publication à leurs collègues des villes voisines. Ainsi, les grands titres publiés à Toronto pouvaient faire la une le lendemain à Québec. La poste constituait également un lien vital entre les journaux et leur clientèle. La distribution était d'ailleurs payable d'avance, ce qui était fréquemment une source de friction entre la presse et l'administration postale.

Pour le directeur d'un journal, les coûts d'affranchissement augmentaient considérablement ses frais. Il eût été plus juste de faire payer les abonnés, mais le sous-ministre des Postes de l'époque, Thomas Allen Stayner, refusait de sanctionner ce principe, préférant imposer aux entreprises de presse une taxe de cinq shillings par numéro posté aux abonnés. Cette taxe, cependant, ne servait pas à administrer les bureaux de poste, mais à payer le salaire du sous-ministre. C'est pour cette raison que les éditeurs de journaux la dénonçaient sans cesse et avec fermeté, aussi bien dans le Haut-Canada que dans le Bas-Canada.

Pendant toutes les années 1840, des hommes d'affaires et des hommes politiques bien en vue en Amérique du Nord britannique se prononcèrent

À gauche : Liste de lettres non réclamées au bureau de poste de Montréal. Cette liste était publiée dans La Minerve *du 23 janvier 1855. À l'époque, le courrier n'était pas distribué à domicile.* Bibliothèque nationale du Canada, NL-22110.

Ci-dessus : Post-Office, Montreal, Canada, 1857. *Attribuée à Kilburn. Gravure sur bois. Pendant les années 1850, le gouvernement du Canada fit construire d'imposants bureaux de poste à Montréal, à Toronto et à Kingston. La première pierre du bureau de poste de Montréal fut posée en 1853.* Musée McCord d'histoire canadienne, Montréal, M 985.230.5877.3.

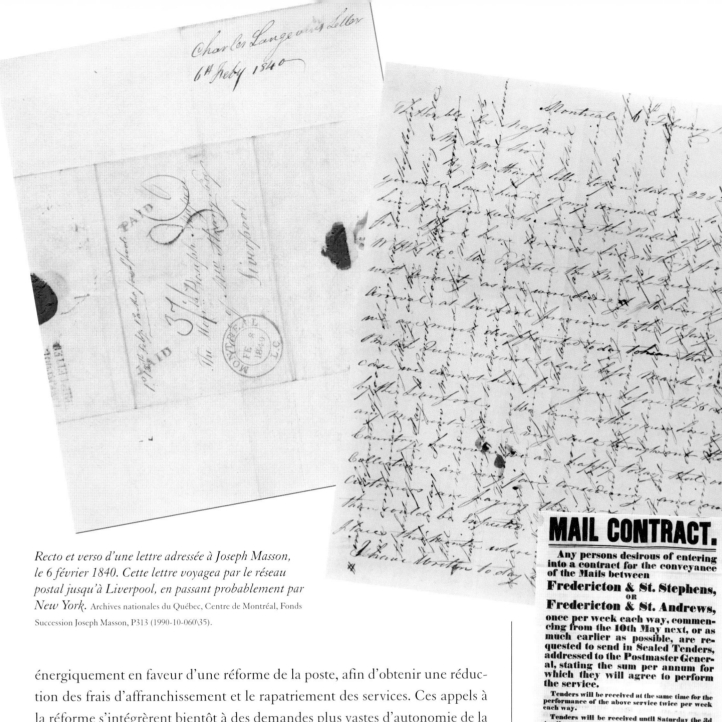

*Recto et verso d'une lettre adressée à Joseph Masson,
le 6 février 1840. Cette lettre voyagea par le réseau
postal jusqu'à Liverpool, en passant probablement par
New York.* Archives nationales du Québec, Centre de Montréal, Fonds
Succession Joseph Masson, P313 (1990-10-060\35).

MAIL CONTRACT.

**Any persons desirous of entering
into a contract for the conveyance
of the Mails between**

Fredericton & St. Stephens,
OR
Fredericton & St. Andrews,

**once per week each way, commen-
cing from the 10th May next, or as
much earlier as possible, are re-
quested to send in Sealed Tenders,
addressed to the Postmaster General, stating the sum per annum for
which they will agree to perform
the service.**

Tenders will be received at the same time for the
performance of the above service twice per week
each way.

Tenders will be received until Saturday the 3d
April next at noon; each Tender to be accompa-
nied with the names of two responsible persons to
become bound with the party tendering for the due
and faithful performance of the service.

The Mails to be conveyed on such days and at
such hours, as may from time to time be appointed
by the Postmaster General.

N. B. It is to be distinctly understood that persons tendering for the above service will have no claim whatever upon the Legislature for any, the smallest remu-
neration, over and above the amount named in the Tender.

J. HOWE, P. M. G.

General Post Office,
St. John, March 16, 1852.

*Publicité destinée aux propriétaires
de diligences, 1852.* Archives provinciales du
Nouveau-Brunswick, RS 121 J 5.

énergiquement en faveur d'une réforme de la poste, afin d'obtenir une réduction des frais d'affranchissement et le rapatriement des services. Ces appels à
la réforme s'intégrèrent bientôt à des demandes plus vastes d'autonomie de la
colonie. En 1848, quand les Canadiens obtinrent le gouvernement responsable,
Londres accepta de confier la poste aux colonies. Le symbole de ce transfert
de pouvoir fut la création, en 1851, de timbres-poste pour le Canada, le Nouveau-Brunswick et la Nouvelle-Écosse. Progressivement, la poste se libérait
de l'emprise impériale, près de deux siècles après son arrivée au Nouveau
Monde.

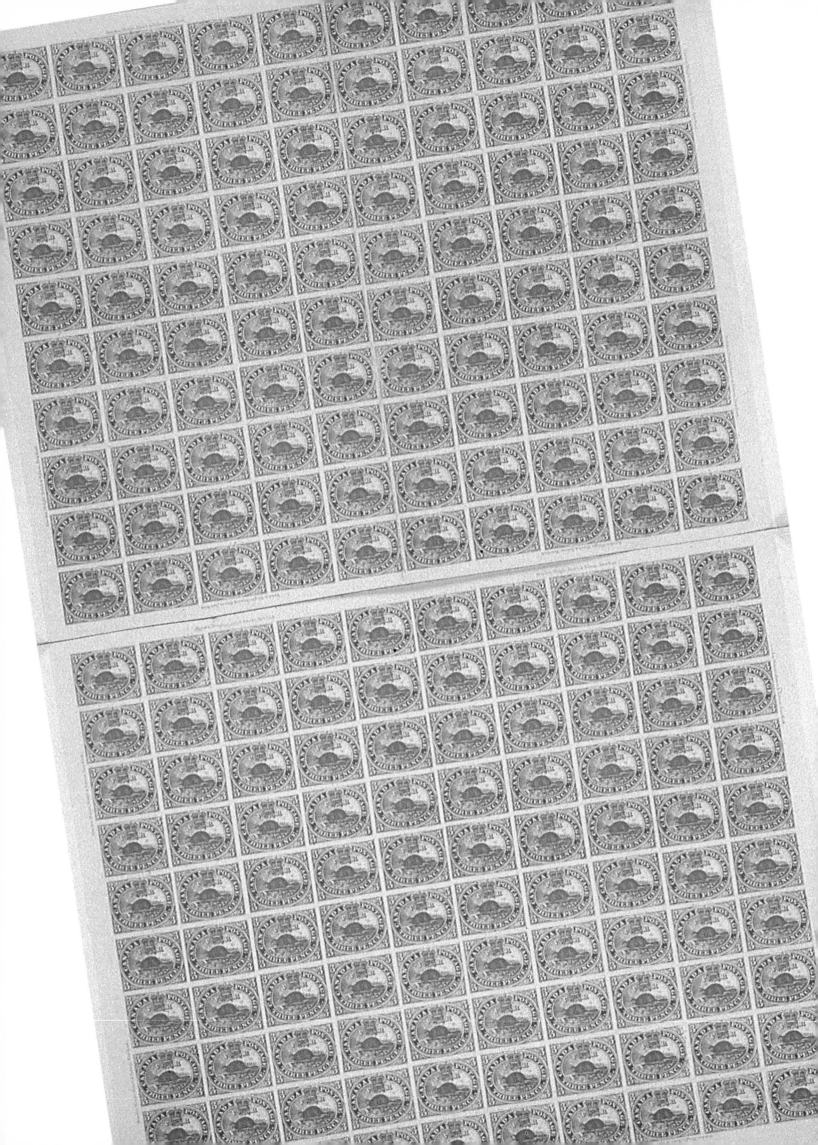

LES TIMBRES-POSTE : DES FENÊTRES SUR LE MONDE

Chantal Amyot

Jusqu'au milieu du XIXe siècle, ce sont les destinataires du courrier qui paient le coût du service postal, lequel est établi en fonction de la distance parcourue. En Angleterre, en 1837, un maître d'école du nom de Rowland Hill se fait l'avocat de la réforme postale en suggérant que l'expéditeur affranchisse lui-même l'envoi, à un tarif établi en fonction du poids. La reine Victoria ratifie la loi de la réforme postale en 1839. Cette loi stipule qu'une taxe unique d'un penny sera payée par l'expéditeur pour l'envoi de courrier dans tout le territoire britannique. Rowland Hill propose d'apposer un timbre adhésif sur les missives pour montrer que les frais de port ont bel et bien été payés. Sa proposition est mise en application en 1840. M. Hill sera fait chevalier par la reine en 1860. Entre 1839, date à laquelle la réforme est signée, et 1840, date à laquelle le premier timbre-poste est émis, les autorités des postes utilisent un système peu efficace où seule une inscription à l'encre sur le pli témoigne de l'affranchissement.

Le « Penny Black » de 1840, émis par l'Angleterre à l'effigie de la reine Victoria, fut donc le premier timbre-poste au monde. (Le penny est une unité monétaire anglaise, d'où l'expression *penny post*.)

La penny post
De toutes les manières d'envoyer une missive
C'est la poste à un penny qui m'enchante
Car maintenant mes lettres, quel que soit leur
    nombre
Me parviennent ornées du gentil penny
    préaffranchi.
Qu'elles respirent donc l'esprit ou le flegme,

En 1840, l'Angleterre émet le « Penny Black », premier timbre-poste au monde. Depuis, ce pays a le privilège exclusif de ne pas avoir à inscrire son nom sur ses timbres-poste. Seul le profil du souverain régnant indique leur provenance.

Avec la permission de la British Library. Le timbre-poste « Penny Black » est une marque de commerce déposée par le British Post Office. Reproduit avec l'aimable permission du British Post Office.

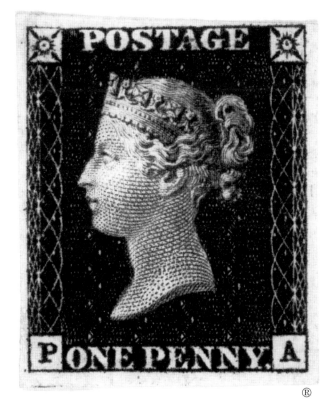

Ci-contre : Feuille d'épreuves d'une planche de deux cents exemplaires du « Castor de trois pence ». ANC, POS-003600.

Tout ce qu'il m'en coûte, c'est de les lire.

Les femmes de chambre peuvent maintenant
    envoyer leurs billets doux

Aussi librement et ouvertement que leurs maîtres

Et, du coin du feu, pousser un soupir aux accents de Pindare

Qui atteindra les rives de l'Indus

Ou laisser libre cours à leur passion brûlante comme la braise

Qui ira réchauffer leurs amants aux Pôles.

Salut à toi, timbre à un penny

(La meilleure réforme des whigs)

Dont le flot bouillonnant, comme la marée en mars

S'étend sur le monde entier avec chaque courrier.

Philo-Denarius
(*Bytown Gazette,* 28 mai 1840)
(Traduction libre.)

Petit à petit, les colonies ainsi que d'autres pays adoptent le timbre-poste, système toujours en vigueur aujourd'hui partout au monde. Au début, les timbres sont imprimés sur de larges feuilles puis coupés au ciseau. Au Canada, ce n'est qu'avec l'émission du Demi-penny dentelé de 1858 qu'apparaîtront les perforations si caractéristiques du timbre-poste (bien que les émissions contemporaines de timbres autocollants s'en dispensent parfois).

Tout commence avec un castor

« 24 février 1851. Déjeuner à Ellah's Hotel avec M. Rutter et l'honorable James Morris, ministre des Postes. Ai dessiné des timbres-poste pour lui. »

(Traduction libre.)

Cette courte entrée dans le journal intime de sir Sandford Fleming, ingénieur civil et personnage important de l'histoire canadienne, marque le début de l'histoire des timbres-poste canadiens. C'est que la Grande-Bretagne vient tout juste de céder la responsabilité des bureaux de poste coloniaux aux provinces de l'Amérique du Nord britannique.

Pour le premier timbre canadien, sir Sandford suggère de représenter un castor : Cet animal symbolise le Canada, croit-il, son exploitation contribue à

Une page du journal intime de sir Sandford Fleming. Collection privée.
Reproduit sur la couverture de *The Sandford Fleming 3 Pence Essay*, Charles G. Firby Auctions, Waterford, 1996.

En plus d'avoir créé les trois premiers timbres-poste canadiens, sir Sandford Fleming (1827-1915) est l'ingénieur en chef des lignes ferroviaires Intercoloniale et Canadien Pacifique; il est également responsable de l'adoption du système de fuseaux horaires. Ce buste est l'œuvre du sculpteur Hamilton T. C. P. MacCarthy (1907). MCP 1974.2135.1. (CD)

Tabatière — argent, cristal de roche et corne de bouc — ayant appartenu à la famille Fleming. MCP 1989.1.1. (CD)

l'économie du pays et il est connu pour son assiduité au travail, tout comme les Canadiens et les Canadiennes. Ce choix se démarque de la pratique courante (elle n'a quand même qu'une dizaine d'années) qui veut qu'un timbre-poste représente le chef de l'État, en l'occurrence la reine Victoria. Le 23 avril 1851, la province du Canada émet donc le « Castor de trois pence ».

Bien que le « Demi-cent noir » de la série des Grandes Reines, émis en avril 1868, soit de fait le premier timbre-poste du Dominion du Canada — lequel fut créé en 1867 par l'Acte de l'Amérique du Nord britannique —, on considère encore le « Castor de trois pence » comme la première émission philatélique canadienne. Aujourd'hui objet de grande valeur, il reçoit un accueil mitigé à sa sortie, comme en témoigne cet extrait du *Montreal Gazette* du 5 mai 1851 : « Nous avons reçu les timbres-poste et M. Porteous les a mis en vente au bureau de poste, mais seulement ceux de la valeur nominale 3d. Leur exécution est lamentable et grossière. Il ne valait pas la peine d'aller à New York pour un travail aussi minable ; et nous soupçonnons d'ailleurs que M. Morris n'utilisera plus les mêmes graveurs. » (Traduction libre.)

Moins d'un mois après l'introduction du « Castor », le « Six pence consort » est émis le 17 mai 1851. Cette fois, sir Sandford a choisi de représenter le prince Albert, époux de la reine. Vient ensuite le « Douze pence noir », le 14 juin 1851. Bien qu'il ne soit pas le plus rare, c'est l'un des timbres-poste canadiens les

Ci-contre : Les boîtes à timbres font leur apparition dès l'introduction du timbre-poste ; leur popularité connaît un sommet entre 1890 et la Première Guerre mondiale. MCP (CD)

À droite : Paire de coin à l'état neuf du « Douze pence noir ». Des 51 000 exemplaires imprimés, seulement 1 450 ont été vendus ; les 49 550 timbres-poste restants ont été détruits. ANC, POS-000031.

plus connus. Une anecdote amusante y est rattachée. Un portrait de la reine Victoria, copie du tableau de A. E. Chalon, ornait les murs de l'Assemblée législative à Montréal. Le 25 avril 1849, à la suite d'émeutes, un incendie dévaste les édifices de l'Assemblée, où se trouve sir Sandford Fleming. Il s'empresse d'emporter le tableau et, une fois hors de danger, se débarrasse de l'encadrement qu'il juge trop lourd. Il le garde ensuite dans son studio et, deux ans plus tard, s'en inspire pour créer le « Douze pence noir ». Une fois le timbre émis, le ministre des Postes, James Morris, demande à Fleming de remettre le tableau à l'État.

Il y a toujours les colonies

Avant qu'elles deviennent provinces de la Confédération, chacune leur tour, les colonies du Nouveau-Brunswick, de la Nouvelle-Écosse, de la Colombie-Britannique, de l'Île-de-Vancouver, de l'Île-du-Prince-Édouard et de Terre-Neuve émettent leurs propres timbres-poste. En février 1851, le lieutenant-gouverneur de la Nouvelle-Écosse, sir Edmund Head, propose que toutes les colonies de l'Amérique du Nord britannique émettent le même timbre-poste, avec pour seule particularité le nom de chacune des colonies. La proposition est rejetée, mais la Nouvelle-Écosse et le Nouveau-Brunswick s'unissent pour émettre, en septembre 1851, une série de timbres-poste ayant le même motif.

Il faut attendre 1857 avant que Terre-Neuve émette ses premiers timbres-poste ; la colonie est alors non seulement la seule en Amérique du Nord britannique à utiliser la forme triangulaire, mais également la seule à utiliser un timbre-poste différent pour chacun de ses tarifs postaux.

En 1860, la Colombie-Britannique et l'Île-de-Vancouver émettent conjointement un timbre-poste, mais elles reviennent, cinq ans plus tard, à des

Sa Majesté la reine Victoria, telle que la représentait le tableau d'Alfred Edward Chalon (1780-1860). ANC, C-041148.

Émission conjointe de
l'Île-de-Vancouver et de la
Colombie-Britannique, en 1860.
ANC, POS-001258.

Première émission de timbre de
Terre-Neuve, en 1857. MCP (SD)

Première émission de timbre du
Nouveau-Brunswick, en 1851,
oblitérée. MCP (SD)

Cinquième émission de timbre de
l'Île-du-Prince-Édouard, en 1862.
MCP (SD)

émissions distinctes. Réunies en un seul territoire le 19 novembre 1866, elles utilisent tout de même les timbres-poste des deux administrations jusqu'en 1871. Entre 1861 et 1872, l'Île-du-Prince-Édouard émet seize timbres-poste, tous à l'effigie de la reine Victoria.

Le timbre-poste de Noël : une première mondiale

En 1898, le ministre canadien des Postes, sir William Mulock, propose un nouveau système de tarification qui permet d'envoyer une lettre dans tout le territoire régi par l'Empire britannique pour un montant fixe de deux cents. Pour le timbre-poste inaugural de cette « poste impériale », sir William Mulock conçoit l'idée de représenter une carte du monde illustrant en rouge les territoires de l'Empire britannique.

À cette époque, chaque nouvelle émission doit être approuvée par la reine Victoria. Lorsque le ministre des Postes de Grande-Bretagne, le duc de Norfolk, lui présente la maquette, la reine s'enquiert de la date d'émission. Le duc répond que le nouveau timbre-poste devrait sortir la journée de l'anniversaire du prince. La reine Victoria demande alors : « De quel prince s'agit-il ? » Le duc répond : « Du prince de la paix, Majesté. »

C'est donc le 25 décembre 1898 qu'est implantée la poste impériale, et le Canada devient le premier pays au monde à émettre un timbre-poste de Noël, d'où l'inscription « XMAS 1898 ». Sous celle-ci, une seconde inscription se lit : « *We hold a vaster Empire than has been* », phrase tirée d'une chanson de sir Lewis Morris, composée en 1887 pour célébrer les cinquante ans de règne de la reine Victoria. En voici une traduction libre :

> Jamais le monde n'a vu d'empire comme le nôtre
> Près de la moitié de la race des hommes est sujette de
> Sa Majesté !
> Près de la moitié de ce vaste globe nous appartient !
> Sous sa férule, tous sont libres.
> Voilà pourquoi, ô Reine,
> Nous nous réjouissons aujourd'hui,
> Avec une ardeur tempérée,
> Afin de célébrer ton jubilé !

Vingt millions de ces timbres-poste de Noël ont été commandés. Or, sur dix millions d'entre eux, l'océan est de couleur lavande et, sur les dix autres, il

Sir William Mulock, ministre des Postes de juillet 1896 à octobre 1905. ANC, PA-027850. (William James Topley)

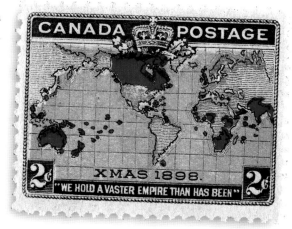

L'émission de décembre 1898 marquant les débuts de la poste impériale. MCP (SD)

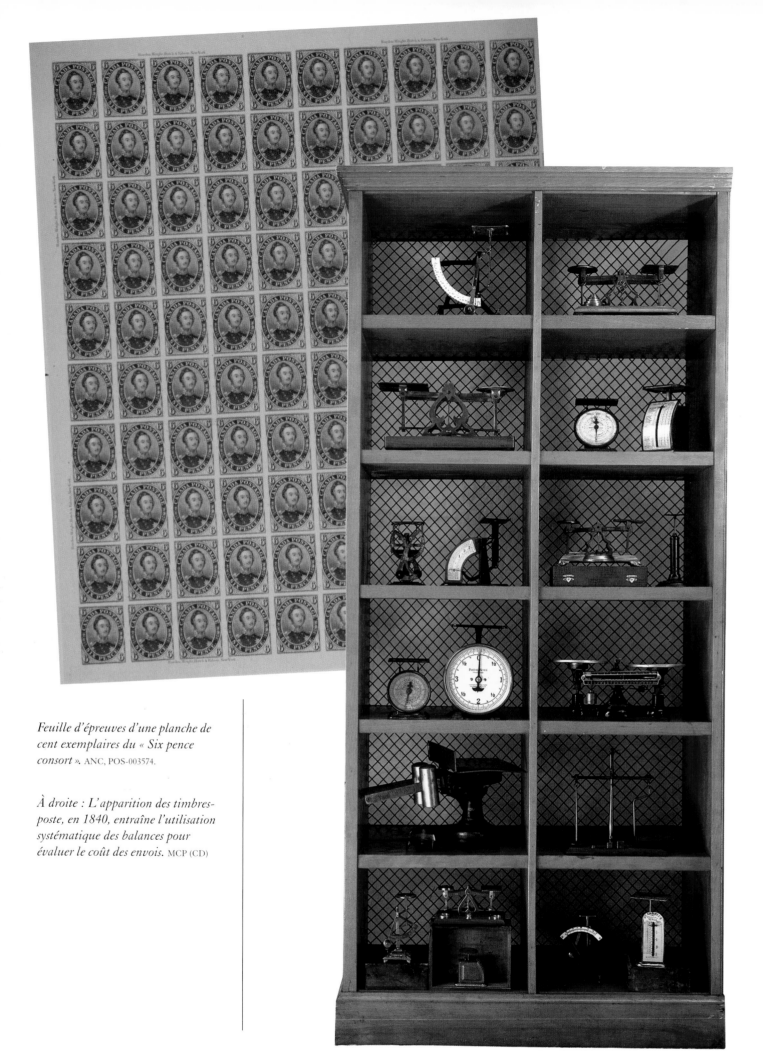

Feuille d'épreuves d'une planche de cent exemplaires du « Six pence consort ». ANC, POS-003574.

À droite : L'apparition des timbres-poste, en 1840, entraîne l'utilisation systématique des balances pour évaluer le coût des envois. MCP (CD)

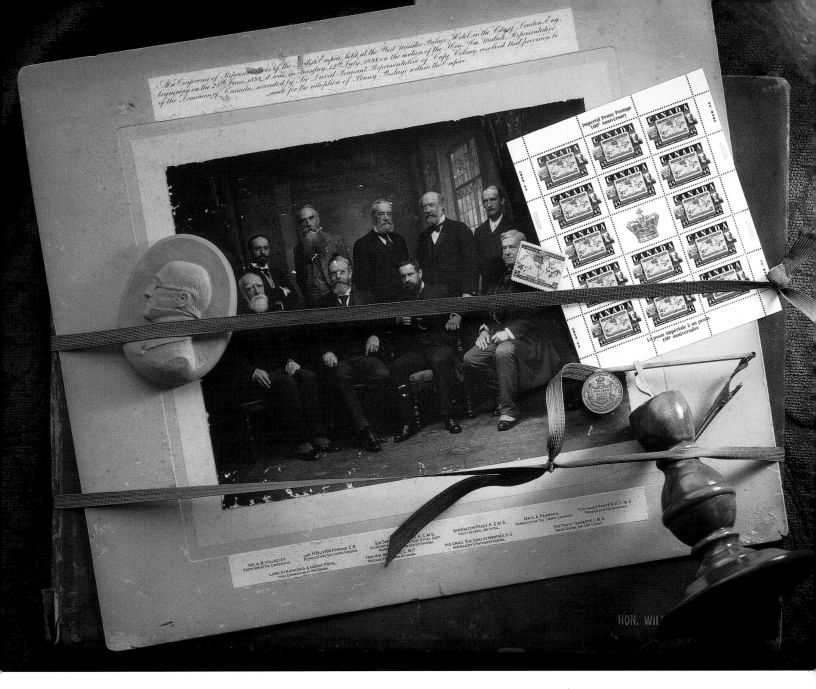

est de couleur bleue. La complexité du dessin et la multiplicité des couleurs utilisées ont entraîné de nombreuses variations. On a commis également de nombreuses erreurs dans les registres de la couleur rouge, représentant l'Empire britannique — ce qui a eu pour effet d'en modifier quelque peu les frontières…

En moins de cent cinquante ans, le Canada a émis près de deux mille timbres-poste, sur un nombre impressionnant de thèmes, dont le souverain régnant, les sports d'hiver, les exploits des astronautes canadiens, la faune et la flore, la vie et l'art des Amérindiens, les chefs-d'œuvre de la peinture canadienne, Superman ou Noël. Près de deux mille petites fenêtres sur le monde qui présentent à la planète la richesse et la variété de la culture canadienne.

Montage d'objets à la mémoire de sir William Mulock, dont une photographie prise lors d'une conférence tenue à Londres, en 1898, durant laquelle le principe de la poste impériale fut adopté. MCP (CD)

LES BUREAUX DE POSTE

Chantal Amyot

Il est aujourd'hui possible d'avoir accès à tous les services postaux tant dans les bureaux de poste que dans une variété de petits commerces abritant un comptoir postal. Plutôt que l'architecture de l'édifice, c'est le sigle de Postes Canada qui permet au public de reconnaître les installations de la poste, et cela jusque dans le cyberespace… par le biais du site Internet de Postes Canada. Pendant longtemps, cependant, la présence du bureau de poste a revêtu une grande importance dans la communauté.

Dans un territoire aussi vaste et aussi faiblement peuplé que le Canada, établir un système de communication postale fiable est un énorme défi ; à la fin du XIXᵉ siècle, ce système évolue au même rythme que le système ferroviaire, les deux systèmes contribuant au développement des régions. L'érection d'un bureau de poste a pour effet d'ancrer une ville ou un village dans le réseau des communications et du commerce, mais l'édifice est aussi un symbole d'espoir, de prospérité et de stabilité.

Plusieurs facteurs entrent en jeu quand une communauté cherche à justifier l'implantation d'un bureau de poste, mais une chose prime : l'édifice doit se trouver à proximité d'une gare. C'est que le système ferroviaire est en train de s'étendre, et les agglomérations sont presque entièrement dépendantes du trajet que suit la voie ferrée, particulièrement dans l'Ouest. La gare est garante du développement de la ville. Au Manitoba, la municipalité de Millford a même déménagé l'ensemble de ses constructions — maisons, commerces et hôtels — pour se rapprocher de la nouvelle gare de Glenboro. La municipalité doit également pouvoir offrir au bureau de poste un emplacement qui facilite l'accès au public ainsi que le transport du courrier.

Bureau de poste de Montague (Île-du-Prince-Édouard), construit en 1888. ANC, POS-002912.

Les édifices du Parlement en 1886, avant l'incendie qui n'a laissé intacte que la bibliothèque. ANC, C-003340. (Édouard Gaston Deville)

Bureau de poste de Midland (Ontario), construit en 1872, tel qu'il apparaissait en 1927. ANC, PA-057432.

Une architecture résolument fédérale

Entre 1881 et 1896, Thomas S. Fuller est l'architecte en chef des Travaux publics. Il servira donc sous le gouvernement conservateur de sir John A. MacDonald, qui cherche à affirmer la présence fédérale sur tout le territoire. C'est sous la direction de Fuller que l'on construira soixante-quatorze bureaux de poste au pays, dont soixante-six seront situés dans des villes de moins de dix mille habitants.

Ces édifices ont tous des caractéristiques architecturales marquées, et les constructions subséquentes, jusqu'au milieu du XXe siècle, subiront l'influence de ces caractéristiques : un bâtiment rectangulaire de deux étages et demi, d'apparence gothique, un toit en mansarde, deux ou trois portes d'accès et un important pignon central ou une tour ornée d'une horloge. L'édifice combine généralement deux types de matériaux, ce qui donne ainsi volume et variété chromatique au bâtiment. Le tout véhicule une forte impression de solidité.

Évidemment, les bureaux de poste arborent le drapeau et les armoiries du pays. Dans les petites agglomérations, c'est souvent le seul endroit où flotte le drapeau canadien. Charlotte Desgagné, assistante maîtresse de poste à Baie-Saint-Paul, au Québec, se remémore le moment où le tout nouveau drapeau canadien fut hissé pour la première fois, en 1965. Au-delà d'un simple rituel, la cérémonie avait rassemblé tout le village autour du bureau de poste.

Ci-contre : Bureau de poste de Woodstock (Nouveau-Brunswick), construit en 1882. ANC, PA-010675. (William James Topley)

Page de droite : Bureau de poste de Thetford Mines (Québec), ouvert en 1939 ; ses courbes de style Art déco reflètent le goût de l'époque. (CD)

À droite : Au coin des rues Queen et Union, le bureau de poste de Chester (Nouvelle-Écosse), construit en 1939-1940. (JS)

Ci-dessous : Bureau de poste de Dawson (Yukon), construit en 1901 selon les plans de Thomas Fuller. ANC, PA-067219.

Page de droite, en bas à gauche : Bureau de poste et centre de tri de Vancouver (Colombie-Britannique), d'après les plans de McCarter and Nairne ; l'édifice a ouvert ses portes en 1958. (LG)

Ci-dessous : Bureau de poste de Wolfcreek (Alberta), construit en 1910, tel qu'il apparaissait en 1913. ANC, PA-017480. (H. Matheson)

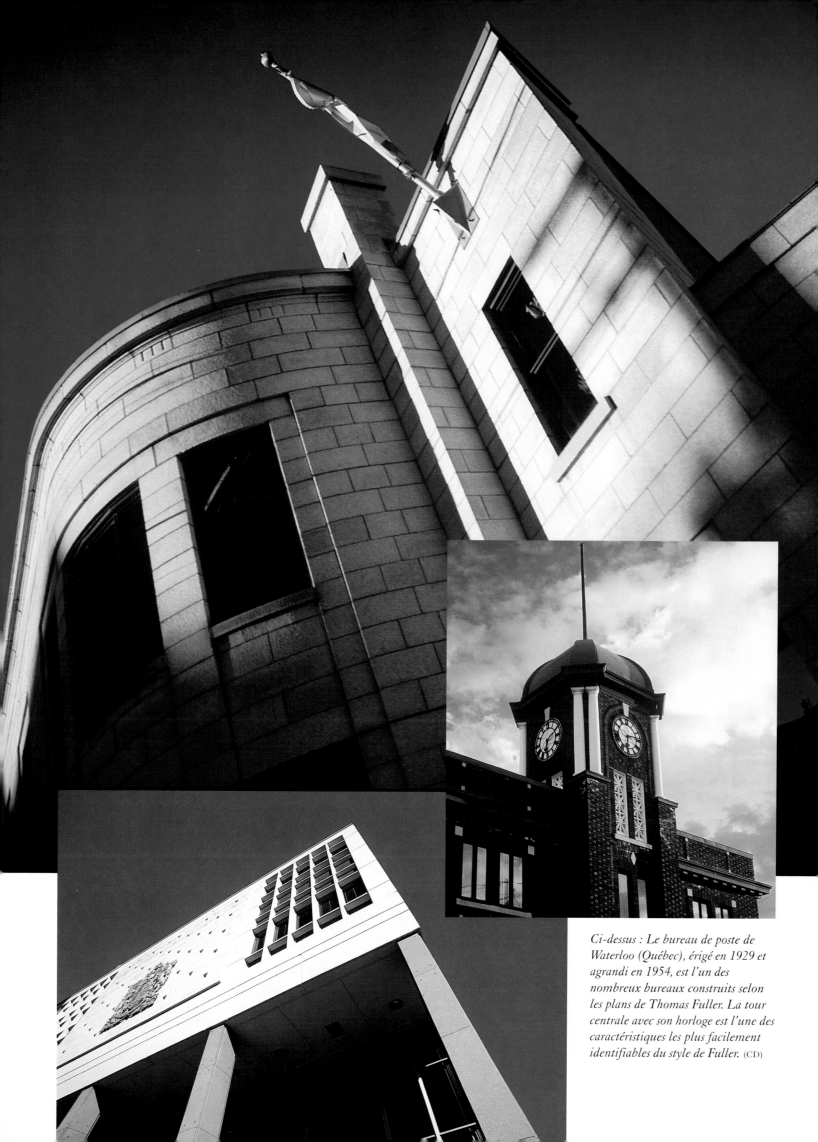

Ci-dessus : Le bureau de poste de Waterloo (Québec), érigé en 1929 et agrandi en 1954, est l'un des nombreux bureaux construits selon les plans de Thomas Fuller. La tour centrale avec son horloge est l'une des caractéristiques les plus facilement identifiables du style de Fuller. (CD)

Le bureau de poste de la rue Besserer, à Ottawa, a ouvert ses portes le 11 novembre 1936. Conçu par Cecil Burgess sous la direction de l'architecte et designer Edward Gardner, cet immeuble de sept étages est devenu le principal bureau de poste de la capitale nationale. Toutes les opérations d'envoi, de manutention et de tri pouvaient y être effectuées. De plus, la proximité de la gare Union facilitait l'expédition et la réception du courrier. L'intérieur somptueux du bureau de poste avait, entre autres ornements, des plaques de bronze représentant une dizaine de timbres-poste canadiens. C'est Edward Gardner qui en avait fait la sélection à partir de sa collection privée. Le Musée canadien de la poste possède de nombreuses pièces de ce bâtiment, démoli en 1981. MCP (CD)

Ornement de la façade du bureau de poste d'Ottawa (succursale B), inauguré en novembre 1939 par le très honorable W. L. Mackenzie King. (SD)

Le choix des matériaux de construction d'un bureau de poste est déterminant : s'ils sont coûteux, on en déduit que la ville est riche et prospère. Humboldt, ville de petite taille de la Saskatchewan, voit son statut changer aux yeux de tous à partir du moment où s'y élève un bureau de poste de briques rouges : si l'État investit de façon si évidente, sans doute est-ce parce que la ville est en pleine expansion !

L'intérieur des bureaux de poste est toujours soigné, l'ornementation étant plus ou moins élaborée selon l'ampleur de l'agglomération et la prospérité de la région. La partie publique — qui représente généralement un tiers de l'espace — contient tables, comptoirs, tableaux d'affichage, cases postales et un portrait du souverain régnant. Quant à l'espace de travail, rarement visible du grand public, il renferme toutes les installations nécessaires à la manipulation et au tri du courrier.

En tant qu'architecte en chef au ministère des Travaux publics, Thomas Fuller est responsable de la construction des édifices gouvernementaux partout au pays ; on lui doit notamment la réalisation des édifices du Parlement, à Ottawa. D'ailleurs, la similarité entre l'architecture de ceux-ci et celle des bureaux de poste est frappante. Mise à part l'échelle des bâtiments, on note de nombreuses ressemblances. Les plus évidentes sont la symétrie des bâtiments et les toits en mansarde, de style Second Empire, ainsi que les détails rythmés et élancés du style gothique victorien tels que les fenêtres en pointe, la multiplicité des niveaux, la

Au coin des rues Buade et Du Fort, le bureau de poste de Québec, érigé en 1872 selon les plans de l'architecte Pierre Gauvreau, sous la direction de l'architecte en chef T. S. Scott. Le bureau est agrandi et modifié entre 1913 et 1919 sous la direction de l'architecte en chef David Edwart. Durant ces modifications, certains détails originaux du style Second Empire laissent place à la tendance Beaux-Arts et la toiture en mansarde se voit remplacée par une toiture plate. (CD)

Cases postales en laiton arborant les initiales royales VR (Victoria Regina). MCP 1974.2133.1. (CD)

Au bureau de poste de Vancouver, 1999. (LG)

présence de tours ou les nombreux détails sculpturaux. De plus, les bureaux de poste de Fuller sont souvent surmontés d'une tour ; or, la tour centrale des édifices du Parlement est une des caractéristiques les plus frappantes de cet ensemble. Il s'ensuit que cette concordance des formes renforce le symbole même de la présence gouvernementale partout au pays.

Un lien important

À la fin du XIXe siècle, le Canada se développe à vive allure et, dès 1882, d'importants fonds sont alloués au département des Travaux publics pour améliorer la quantité et la qualité des édifices publics du pays. C'est qu'il faut de nouveaux édifices fédéraux pour les nouvelles provinces ; et plus celles-ci se développent, plus on a besoin de services pour consolider les bases du territoire grandissant.

Or, le bureau de poste représente très concrètement le gouvernement fédéral ; dans les régions rurales, il devient un lien indispensable entre la population et la capitale nationale. C'est notamment l'endroit où l'on trouve les formulaires requis pour de nombreux services gouvernementaux, et le maître de poste lui-même est un représentant de la Couronne. Henri Roy, qui a travaillé au bureau de poste de Sainte-Anne-des-Monts, au Québec, pendant près de cinquante ans — d'abord pour son père, ensuite comme maître de poste —, se souvient d'avoir à maintes reprises rempli lui-même les formulaires officiels du gouvernement pour des clients qui ne savaient ni lire ni écrire ou qui pensaient tout simplement que le maître de poste saurait

Bureau de poste de Mission City (Colombie-Britannique), construit en 1935 et rénové en 1955. (LG)

mieux qu'eux s'acquitter d'une tâche administrative. Dans bien des cas, les bureaux de poste regroupent plus d'un service gouvernemental : douanes, poids et mesures, revenu interne, etc.

À cause du rôle fondamental qu'ils remplissent, les bureaux de poste se multiplient rapidement ; entre 1871 et 1891, leur nombre double, passant de 3 943 à 8 041. En 1911, il en existe déjà 13 324.

Bien que les bureaux de poste de Fuller, ou d'inspiration Fuller, soient très nombreux, ils ne représentent pas la majorité des constructions au Canada, surtout dans le cas des petites agglomérations. En milieu rural et semi-rural, au début du XXᵉ siècle, une bonne partie des municipalités ont leur bureau de poste, le style architectural de celui-ci ayant tendance à se fondre avec celui de la localité. Pour décrire ces styles de construction, il faudrait aborder de façon détaillée l'architecture domestique canadienne, puisque bon nombre de bureaux de poste sont situés dans de petits commerces, tels le magasin général ou la pharmacie, ou même dans des maisons privées. Chose étonnante, cette association entre les commerces et la poste redeviendra une pratique courante, presque un siècle plus tard !

À l'intérieur du bureau de poste de Vancouver. (LG)

LE MAÎTRE DE POSTE RURAL

John Willis

De 1880 à 1945, partout au Canada, dans les grandes ou les petites villes, le bureau de poste est le symbole tangible de l'autorité fédérale. Mais à la campagne, dans les rangs et les villages, le bureau de poste ne joue pas le même rôle : il forme un des pôles de la vie de tous les jours, le lieu où le maître de poste, à qui les gens du village confient leurs lettres, trie et distribue colis, journaux, courrier. Il sert, en quelque sorte, de carrefour du patelin où l'on peut saluer ses voisins et bavarder avec eux, et où l'on peut s'accorder un moment de répit.

Les maîtres de poste sont les hôtes de ces « centres communautaires ». Ils prennent sous leur responsabilité le courrier et parfois même l'argent de leur clientèle, mais ils prodiguent également leurs conseils et leur aide face aux difficultés de la vie. Leur position est unique dans la société rurale canadienne. Ils font partie intégrante de la communauté, tout en restant d'une certaine manière en dehors d'elle.

Le maître de poste de Cheam View, en Colombie-Britannique, et sa femme, vers 1928. S'il portait le titre, c'était probablement elle qui faisait le travail. Cecil C. Couts, *Cancelled with Pride : A History of Chilliwack Area Post Offices 1865-1993,* Cecil C. Coutts Publishing, 1993.

Le ficelage du courrier

En hiver, le poêle du bureau de poste ronronne tandis que l'encre dégèle dans les encriers. Pour le maître de poste, l'encre est l'âme du bureau de poste. Chaque lettre, chaque paquet doit être oblitéré d'un cachet portant la date et l'indication « a. m. » ou « p. m. », pour que l'on sache s'il s'agit du courrier du matin ou de l'après-midi. Pour que le cachet soit bien lisible, le maître de poste glisse sous chaque enveloppe une plaque de caoutchouc, avant de la tamponner, ce qui explique le bruit sourd et mat que l'on entend alors.

Le maître de poste empile les lettres, en s'assurant que tous les timbres

Ci-contre : Dans le tiroir du maître de poste, les différents autocollants, bons et vignettes qui facilitent l'acheminement du courrier. MCP (CD)

La ficelle, les pinces et le plomb dont on se servait pour attacher et fixer les sacs de courrier. La ficelle servait à fermer le sac, puis elle était enfilée dans un plomb ressemblant à ceux que l'on utilise à la pêche. Avec les pinces, on resserrait soigneusement le plomb autour de la ficelle de telle sorte qu'aucune lettre ne puisse s'échapper du sac. MCP (CD)

Ci-dessous : Le maître de poste de Woodford, en Ontario, se servait autrefois de ce bureau et de ce guichet. MCP 1981.31.1. (CD)

figuraient bien en haut à droite, puis les trie selon la destination. Autrefois, il n'était pas rare qu'un maître de poste construise lui-même et pour son propre usage un meuble spécialement conçu pour le tri. La maîtresse de poste de Val-Morin se servait pour sa part d'un casier comportant seize compartiments, dont la moitié correspondait à des destinations, alors qu'elle déposait dans l'autre moitié les formulaires, reçus et factures qui accompagnaient les liasses de lettres. Au monastère d'Oka, au Québec, le maître de poste et ses assistants avaient construit un magnifique casier que l'on pouvait faire pivoter.

Le maître de poste forme des liasses d'environ soixante-quinze lettres, liées avec de la ficelle. Pour couper celle-ci, le maître de poste porte au doigt un anneau sur lequel est montée une petite lame. Les paquets, en attendant la levée du courrier, sont placés dans des sacs de toile suspendus dans des râteliers en bois ou en métal.

Le traitement des colis est plus difficile que celui des lettres, ce travail occupant souvent le maître de poste pendant plusieurs heures. Il faut peser chaque colis et en calculer l'affranchissement ; si les colis sont mal emballés, le maître de poste doit en refaire l'emballage — à sa grande consternation (surtout si le contenu sent mauvais !). Sans se soucier des difficultés que cela peut engendrer, le client exige toujours que son délicieux gâteau, ou son poisson frais, soit livré promptement et arrive en bon état.

Attendre le courrier

Dans les petites communautés, l'arrivée du courrier était un important rite quotidien. On attendait impatiemment des nouvelles, ou, encore mieux, de l'argent, de la part d'un parent éloigné ; on pouvait attendre longtemps une lettre d'un associé établi dans une ville lointaine ; on attendait le journal, une revue, ou encore la machine à coudre ou l'écrémeuse commandée par le catalogue Eaton, Simpson, ou Dupuis Frères. Peu importe. Ce qui comptait était que le maître de poste fasse son travail avec diligence.

Mildred Roylance, maîtresse de poste à Greenwood, en Colombie-Britannique, avait l'habitude de se lever à l'aube pour trier le courrier avant le début de la journée de travail, puis de rentrer chez elle prendre son petit-déjeuner. S'il arrivait encore du courrier pendant la

Casier servant à trier le courrier au monastère d'Oka, au Québec. On pouvait faire pivoter le casier, pour avoir accès aux compartiments placés sur chacun des quatre côtés. La partie inférieure de chaque compartiment a été usée par le frottement répété des lettres ou de la main qui les y insérait.
MCP 1990.35.1. (CD)

LES POULETS DU PRINTEMPS

« Tous les printemps, la salle de tri du bureau de poste résonnait du caquètement des poulets. Nous recevions dix, quinze, vingt, vingt-cinq ou trente boîtes à la fois, et chaque boîte contenait cent ou cent vingt-cinq poulets. Dès que nous les avions reçus, nous téléphonions aux destinataires le plus tôt possible pour qu'ils viennent les chercher. Mais, souvent, nous ne pouvions pas joindre les gens, ils n'étaient pas là. Le bruit durait tout le jour et toute la nuit. Nous faisions l'impossible pour les livrer. Parfois, nous nous occupions d'eux, nous les nourrissions avec une sorte de son de blé, surtout quand ils restaient plus d'un jour ou deux. Et parfois, par les trous des boîtes, nous en voyions quelques-uns qui étaient morts. »

(Victorien Naud, maître de poste à la retraite, à Barraute, au Québec, mars 1990.)

journée, il fallait fermer le guichet et aller le trier, ce qui pouvait exiger de trente minutes à plus d'une heure, selon le nombre de lettres et le nombre de préposés affectés à ce travail. Vers 1895, le maître de poste de la ville minière d'Union (aujourd'hui Cumberland), dans l'île de Vancouver, recevait l'aide du caissier d'un magasin voisin et du comptable de la Union Colliery Company. Le comptable, surtout, se révélait très utile, puisqu'il connaissait la plupart des personnes auxquelles le courrier était destiné.

Quand il y avait des retards, c'était la pagaille. Un soir de 1898, le révérend Louis Poitras fit les cent pas, furieux, pendant trois heures, devant le bureau de poste de Nelson, en Colombie-Britannique. « Depuis dix-neuf mois que je suis ici dans Nelson, écrivit-il au ministre des Postes, nous avons toujours eu nos lettres et nos papiers une demi-heure après l'arrivée des trains, pourquoi n'aurions-nous pas la même justice aujourd'hui ? » Si le courrier arrivait à temps, en effet, le révérend pouvait répondre aux lettres urgentes avant le départ du prochain courrier, le lendemain matin. Pour lui, comme pour beaucoup de personnes à son époque, la rapidité de la poste était de la toute première importance.

Le courrier était livré soit poste restante, soit dans les casiers postaux. À Val-Morin, comme dans la plupart des bureaux de poste, les lettres de la poste restante étaient classées en ordre alphabétique dans un casier fixé au mur à la gauche du guichet. Le maître de poste pouvait ainsi facilement les remettre

aux clients. Par contre, il y avait des gens, généralement plus aisés, qui préféraient recevoir leur courrier dans une case postale privée, quelquefois somptueusement décorée, et dont eux seuls et le maître de poste avaient la clé ou connaissaient la combinaison.

À partir de 1908, on instaura un service de livraison rurale du courrier. À partir du bureau de poste, le facteur rural allait livrer le courrier aux fermes et aux demeures situées à l'extérieur des limites du village, en le déposant dans des boîtes aux lettres placées le plus souvent en bordure de la route. En même temps, il pouvait cueillir le courrier que l'on envoyait. Ce service, au début, s'effectuait dans des bogheys et des traîneaux, mais la voiture automobile prit bientôt la place du cheval.

La maîtresse de poste de Cressman, en Saskatchewan, entourée de clients attendant leur courrier. Saskatchewan Archives Board, Photo S-B 1429.

En haut : Boîtes aux lettres, dans la neige et la glace. (CD)

Plus qu'un devoir

Dans l'atmosphère familière d'un bureau de poste rural, les gens du coin pouvaient échanger des plaisanteries avec leurs voisins, qui souvent habitaient à des kilomètres, ou encore s'ouvrir en toute confiance au maître de poste. Au bureau de poste d'East Advocate, en Nouvelle-Écosse, le mari de la maîtresse de poste avait percé une fente dans un des murs de leur maison afin qu'on y dépose, dans une boîte, le courrier à envoyer. Il s'était tracassé inutilement : personne ne se servait de la boîte, car tout le monde préférait entrer directement dans la maison et en profiter pour dire bonjour à la maîtresse de poste. Quand celle-ci s'en aperçut, elle recycla la boîte de dépôt, et l'utilisa plutôt pour entreposer ses pelotes de laine et ses aiguilles à tricoter. À Craiglands, en Saskatchewan, les gens se rendaient au bureau de poste pour y chercher leur courrier, mais aussi pour y prendre le thé. Une famille avait l'habitude de venir cueillir le courrier tous les vendredis et restait toute la soirée pour écouter la radio avec le maître de poste et sa famille.

Le maître de poste de campagne jouait un rôle de premier plan dans ces

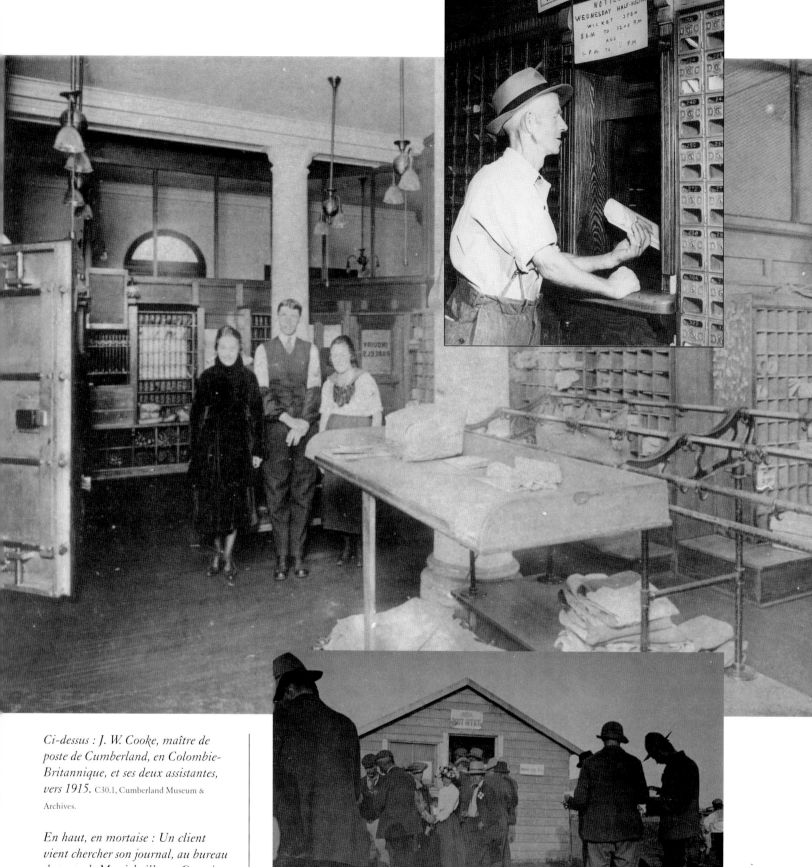

Ci-dessus : J. W. Cooke, maître de poste de Cumberland, en Colombie-Britannique, et ses deux assistantes, vers 1915. C30.1, Cumberland Museum & Archives.

En haut, en mortaise : Un client vient chercher son journal, au bureau de poste de Merrickville, en Ontario, en 1947. ANC, C-053550. (Wilfred Doucette)

À droite : C'est l'heure du courrier au bureau de poste de Lloydminster, en Saskatchewan, au début des années 1920. Barr Colony Heritage Cultural Centre, Lloydminster (Alberta/Saskatchewan).

petites communautés, et souvent l'on faisait appel à lui pour obtenir un service. À Tenescape, en Nouvelle-Écosse, on peut encore lire dans le registre, quatre-vingts ans plus tard, des notes au maître de poste, dans lesquelles on lui demande fort poliment de confier du courrier à une tierce personne. Un maître de poste albertain faisait remarquer, en 1939 : « Je compte une vingtaine de retraités parmi mes meilleurs clients. Le premier jour de chaque mois, ils viennent tous me voir ; jamais ils ne songeraient à demander à personne d'autre qu'à moi de leur servir de témoin lorsqu'ils doivent signer un document important ou qu'ils ont besoin d'assistance pour remplir leurs formulaires de retraite ».

La livraison du courrier en milieu rural, en Nouvelle-Écosse. (JS)

En haut : Boîtes aux lettres, en bordure d'un chemin de campagne dans les Cantons-de-l'Est, au Québec. (CD)

Le maître de poste faisait même parfois office de confesseur. À Sainte-Anne-des-Monts, au Québec, un homme avoua au maître de poste, Henri Roy, que le curé croyait que ses trois filles, toutes institutrices, étaient enceintes, et qu'il fallait les faire congédier. Le maître de poste proposa au père affolé d'attendre quelque temps, pour voir si la suite des choses confirmerait les affirmations du curé. Il s'avéra que celui-ci se trompait. Ce même Henri Roy raconte aussi qu'on lui demandait souvent d'écrire des billets doux, et que, parfois, c'était même lui qui rédigeait et les lettres d'amour et leurs réponses.

L'argent a un statut postal spécial. Grâce au mandat-poste, un particulier ou un commerce peut envoyer de l'argent partout au pays. Puisqu'il n'existait autrefois aucun autre moyen fiable d'envoyer de l'argent, il arrivait même que les banques aient recours à la poste. De 1868 à 1969, les Canadiens pouvaient déposer leurs économies à la Caisse d'épargne postale, dont le siège se trouvait à Ottawa. Dans les succursales de la Caisse d'épargne postale, où les clients pouvaient effectuer leurs opérations, c'était le maître de poste qui assurait la

Le maître de poste, derrière le guichet, déposait le courrier dans les cases postales. Les clients, du côté du public, pouvaient alors récupérer leur courrier à l'aide d'une clé. Ce meuble est formé de soixante-seize compartiments vitrés, de quatorze compartiments en bois et d'un compartiment double, juste au-dessous du guichet. MCP 1974.2168.1.
(CD)

liaison avec le siège social. C'est pourquoi le maître de poste devait être absolument digne de confiance : on ne plaisante pas avec ce genre de choses.

Conflits entre le maître de poste et ses clients

Parfois, une dispute venait brouiller les relations entre le maître de poste et le public. Étant donné la grande importance du maître de poste et le respect dont il était l'objet, c'étaient là de rares et troublantes circonstances. Mais à l'occasion, les maîtres de poste étaient forcés de prendre une certaine distance par rapport à la communauté.

En 1920, par exemple, alors que l'antibolchevisme était à son comble au Canada, on introduisit dans le code criminel une disposition rendant illégale toute propagande visant à renverser le gouvernement. On distribua un prospectus à tous les maîtres de poste pour leur recommander de prendre note de tout courrier pouvant s'avérer subversif ; on leur demandait, en d'autres termes, de devenir des espions à la solde de l'État :

> Dans l'éventualité que les maîtres de poste noteraient,
> dans le courrier, la présence d'une publication qui, selon
> eux, contrevient aux articles du code criminel cités ci-dessus,
> ordre leur est fait de transmettre une copie de ladite publication,
> ainsi que toute autre information disponible ayant trait à son
> origine, à la quantité d'exemplaires envoyés et à sa destination,

par courrier prioritaire, aux soins du ministre des Postes, à Ottawa.

Les heures d'ouverture des bureaux de poste étaient souvent une source de conflits entre le maître de poste et le public. Après la Seconde Guerre mondiale, le maître de poste de Coronation, en Alberta, décida de fermer boutique à dix-huit heures plutôt qu'à vingt heures, mais il se rendit bientôt compte qu'on prisait peu sa décision : lorsqu'il entra dans le bar du coin, un lourd silence l'accueillit. Pendant les années 1930 et 1940, une longue lutte opposa la section québécoise de l'Association canadienne des maîtres de poste et adjoints, qui cherchait à obtenir l'autorisation de fermer les bureaux de poste le dimanche, au public des villages et des petites villes et au gouvernement, qui préféraient que se maintienne la tradition d'ouvrir le bureau de poste avant et après la messe. Les maîtres de poste obtinrent gain de cause, mais non sans ternir leur image aux yeux du public.

Il arrivait aussi que des disparités sociales, notamment les différences de milieu, de classe et d'origine ethnique, soient à l'origine de problèmes entre le maître de poste et ses clients. À Ignace, en Ontario, la femme du maître de poste s'était vu affubler du surnom de « la duchesse » parce que son mari était en outre le propriétaire du magasin général et d'un hôtel. En 1896, F. B. Docks, contremaître au Canadien Pacifique, et sa femme avaient la charge du

Ce panneau séparait l'aire publique du bureau de poste de Val-Morin Station, au Québec, de l'arrière-boutique. Il marquait également une frontière symbolique entre l'austère lieu de travail et l'agréable lieu de rencontre qu'était le magasin général. MCP 1993.16.114. (Harry Foster)

LE BUREAU DE POSTE DE VAL-MORIN STATION, AU QUÉBEC
1914-1983

Situé à peu de distance de la gare, le bureau de poste de Val-Morin Station se trouvait dans un grand immeuble construit vers 1910 par Fidèle Ouellette, mécanicien et homme à tout faire. En plus de tenir le bureau de poste, Fidèle et Corinne Ouellette étaient propriétaires d'un magasin général et louaient des chambres aux vacanciers en été.

Même si Corinne Ouellette n'était officiellement que l'assistante du maître de poste, c'est elle qui s'occupait du bureau de poste. Ses filles, Monique et Félicitée, prirent la relève en 1941. Les sœurs ne manquèrent jamais de clients, surtout en été, lorsqu'il y avait parfois une queue jusque dans la rue.

Le bureau ferma ses portes en 1983, mais Félicitée et son mari, Lucien Lepage, que l'on voit ci-dessus en 1993, conservèrent le magasin général. En 1993, le Musée canadien de la poste acquit tout l'intérieur du bureau de poste ainsi que son contenu.

En haut : Lucien Lepage et Félicitée Ouellette, au comptoir de leur magasin général, en 1993. (SD)

À droite : Caisse enregistreuse. MCP 1993.16.27.1. (CD) ; *Cartes postales illustrant les environs du village de Val-Morin, au Québec.* MCP (CD).

bureau de poste de Kahnawake, au Québec ; comme cela était courant à l'époque, ils traitaient avec mépris les Mohawks du village — lesquels, d'ailleurs, le leur rendaient bien. À Val-Morin Station, le maître de poste (et propriétaire du magasin général) Fidèle Ouellette entretenait des relations cordiales avec les touristes, mais quand, à la fin de l'été, ceux-ci retournaient à leur vie plus ou moins aisée en ville, lui restait au village. Au fond, ils habitaient des mondes différents, une bonne partie de l'année.

Mais, malgré tout cela, le maître de poste faisait, à n'en pas douter, partie intégrante de sa communauté ; la visite au bureau de poste n'était pas moins importante que la messe du dimanche et la promenade dans la rue principale. Parce qu'ils conféraient un visage humain à l'immense institution qu'était la poste du Dominion, parce qu'ils s'empressaient de répondre avec efficacité aux besoins de leur clientèle, parce qu'ils permettaient l'accomplissement de certains rituels de la communauté, parce qu'ils ouvraient grand l'accès au monde au-delà de la paroisse, les maîtres de poste étaient irremplaçables.

Balance à ressort. MCP 1976.14.1. (CD)

En haut : Henri Roy, maître de poste à Sainte-Anne-des-Monts, au Québec, à son bureau, au printemps de 1931. En plus de servir ses clients, Roy militait ardemment pour l'Association canadienne des maîtres de poste et adjoints. Collection privée.

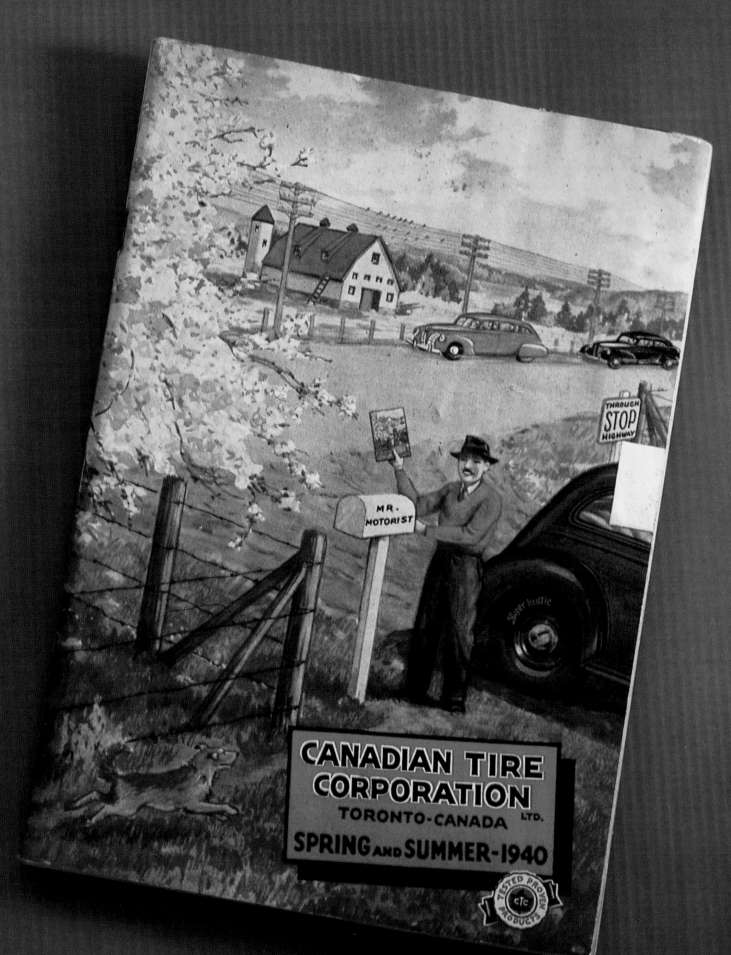

CANADIAN TIRE
CORPORATION LTD.
TORONTO-CANADA
SPRING AND SUMMER-1940

LES CATALOGUES :
UN INVENTAIRE DE RÊVE

Chantal Amyot

L'histoire de la vente par catalogue connaît d'importantes fluctuations depuis un siècle. À ses débuts, à la fin du XIXe siècle, et jusqu'aux années 1920, ce type de vente a connu un essor fulgurant. Mais, avec l'apparition des nombreux moyens de transport permettant aux consommateurs de se déplacer aisément et avec la multiplication des petits commerces, la popularité des catalogues de vente par correspondance s'est amoindrie. De nos jours, la vente par catalogue reprend une place importante dans le marché nord-américain où, au cours des dernières années, la poste a acheminé au-delà de douze milliards de catalogues par année. Au même titre qu'Internet, les catalogues offrent aux consommateurs un moyen simple de faire leurs achats sans avoir à se déplacer, à affronter les foules ou à subir les fluctuations de stocks.

Il fut une époque, toutefois, où les services de vente par la poste représentaient bien plus qu'un mode d'achat parmi d'autres; pendant plusieurs décennies, en effet, la majorité de la population canadienne dut y recourir afin d'obtenir la plupart des marchandises dont elle avait besoin. Les petites communautés rurales, éloignées des grands centres, n'étaient alors desservies que par un magasin général et par les artisans de la proche région.

Couverture du catalogue Robert Simpson, printemps-été 1931.
Glenbow Library, Calgary (Alberta). Reproduite avec la permission de Sears Canada Inc.

Ci-contre : Couverture du catalogue Canadian Tire, printemps-été 1940. MCP 1993.111.1. Canadian Tire Corporation. (CD)

Le magasin Army & Navy, propriété de British Surplus Supplies Limited, ouvre une succursale à Vancouver en 1917. Le siège social déménage à Regina en 1925. Neuf ans plus tard, l'entreprise expédie biannuellement plus de 600 000 catalogues dans les foyers canadiens. Toronto Public Library, Special Collections Centre. Reproduite avec la permission d'Army & Navy Department Store Limited.

Sur la couverture de son catalogue printemps-été 1959, Eaton offre de payer les frais de port « des commandes de $2.00 et plus » ! MCP 1993.115.2. Reproduite avec la permission de Sears Canada Inc. (CD)

En 1931, le clergé peut s'approvisionner chez Dupuis Frères. MCP 1997.31.5. (CD)

Du bijou à la bêche

Si les compagnies américaines Montgomery Ward et Sears Roebuck ouvrent un rayon de vente par catalogue dès les années 1870, les entreprises canadiennes emboîtent le pas : Eaton, dès 1884, et Dupuis Frères, la Compagnie de la Baie d'Hudson, Morgan et Woodward, qui ont toutes ouvert un rayon de vente par catalogue avant la fin des années 1920.

En feuilletant les catalogues du début du siècle, on s'étonne de constater à quel point les marchandises sont variées : vêtements de tous les jours, tenues de luxe, bijoux, accessoires de cuisine, armes à feu, jouets, médicaments, outils agricoles, instruments de musique, etc. En fait, hommes, femmes et enfants y trouvent la plupart des produits dont ils ont besoin au cours de leur vie.

Mais l'article le plus surprenant que renferment les catalogues demeure sans contredit la maison. Le catalogue Eaton de 1912 offre à sa clientèle pas moins de dix-neuf modèles de maison. En général, il s'agit de maisons de campagne assez élégantes, à un étage, comprenant entre cinq et dix chambres, dont certaines possèdent une véranda. Il faut payer 2,50 $ pour obtenir les plans, alors que l'ensemble des matériaux nécessaires à la construction d'une habitation de six chambres comprenant une salle de bains coûte environ 1 000 $. Tout ce matériel est expédié à l'acheteur par la poste… à l'exception des briques et des pierres.

Trois articles vendus par catalogue connaissent un succès inégalé et contribuent, au début du XXᵉ siècle, à modifier considérablement le style de vie des populations rurales. Il s'agit de la machine à coudre, qui facilite aux femmes la confection des vêtements pour les membres de leur famille ; de la bicyclette, article de loisir qui devient vite un moyen de transport important ; et de l'écrémeuse, qui permet aux agriculteurs de confectionner le beurre plus rapidement et avec une quantité réduite de lait.

Le catalogue Eaton : tout pour l'agriculteur de 1959. Introduites dans les années 1890, les écrémeuses furent, pendant près d'un demi-siècle, parmi les objets que l'on commandait le plus souvent. MCP 1993.115.2. Reproduit avec la permission de Sears Canada Inc. (CD)

Le succès de ce système de vente est tel qu'on voit graduellement apparaître des catalogues spécialisés offrant papier peint, livres, bonbons, patrons de couture ou instruments d'arpentage. Les entreprises commerçantes prennent également en considération les besoins spécifiques de certaines régions. En Colombie-Britannique, la compagnie Woodward fait la réclame suivante : « Nous tenons un vaste inventaire de parapluies tout à fait appropriés à notre climat. » Dupuis Frères, pour sa part, s'assure d'offrir une grande variété d'articles religieux à sa clientèle canadienne-française, très pratiquante.

Ci-dessus, à gauche : W. A. Van Lohuizen House. Il existe encore des maisons préfabriquées Eaton, telle que celle-ci, en Alberta.
De Albertans Built : Aspects of Housing in Rural Alberta to 1920, © Thelma Dennis, 1982.

Les bicyclettes et leurs accessoires vendus par Canadian Tire en 1940.
MCP 1993.111.1. Reproduit avec la permission de Canadian Tire Corporation. (CD)

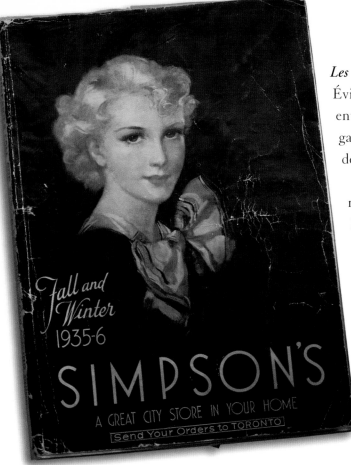

Les avantages de la poste

Évidemment, le système de vente par catalogue permet aux entreprises de s'adapter aux demandes du public, sans avoir à garder toute la marchandise en stock. Elles peuvent donc offrir des prix très compétitifs.

Établies dans les centres urbains, ces entreprises profitent des moyens de communication existants — le service ferroviaire et le système postal — pour acheminer leurs marchandises. La poste livre déjà les colis depuis 1859 dans la Province du Canada (depuis 1865 en Nouvelle-Écosse et au Nouveau-Brunswick), mais d'autres innovations du système postal faciliteront la tâche aux entreprises : la livraison gratuite jusqu'à la résidence en milieu rural, qui débute en 1908 et couvre presque la totalité de l'est du pays en 1914, le service des mandats-poste, introduit en 1855, et, en 1922, l'envoi contre remboursement (dont l'appellation anglaise est connue de tous : C.O.D., *cash on delivery*).

Même si les entreprises doivent couvrir les frais de port et ne bénéficient pas de tarifs préférentiels, tous ces services leur sont extrêmement avantageux. D'ailleurs, elles n'hésitent pas à organiser des banquets de Noël pour les maîtres de poste afin de les remercier de leur indispensable collaboration. Pendant la période des fêtes, les entreprises achètent souvent des pages publicitaires dans la revue de l'Association canadienne des maîtres de poste et adjoints, *The Canadian Postmaster*. En 1933, on peut y lire un message de la Robert Simpson Company : « Nous profitons de l'occasion pour remercier nos nombreux amis du Service postal. »

Il est vrai que les maîtres de poste peuvent être considérés comme de véritables alliés, car ils doivent redoubler leurs efforts à certains moments de l'année où les achats par catalogue sont particulièrement nombreux, soit à Pâques, juste avant la rentrée scolaire et à Noël. Certains maîtres de poste estiment qu'au cours de la première moitié du XXe siècle, on manipulait dix colis pour chaque lettre de première classe.

« Un grand magasin urbain dans votre propre maison ». MCP 1998.58.5. Reproduite avec la permission de Sears Canada Inc. (CD)

Tampons d'entreprises de vente par catalogue. MCP (CD)

À droite, au milieu : En 1953, Dupuis Frères offre ses propres modèles de machines à coudre électriques, dont le moteur est garanti un an. MCP 1997.31.10 (CD)

À droite, en bas : De tout et pour tous. Les catalogues de vente par correspondance vont même jusqu'à envoyer des échantillons des nouveaux modèles de papier peint afin d'aider le client à faire son choix. MCP 1993.111.2. Reproduite avec la permission de Sears Canada Inc. (CD)

Quelques catalogues d'aujourd'hui.
MCP (CD)

Le livre des désirs

Bien au fait du potentiel de leur marché, les premières entreprises de vente par catalogue savent à qui elles s'adressent. Ce sont les femmes qui, en règle générale, s'acquittent des tâches domestiques et achètent ou fabriquent les biens pour la maison. Elles sont donc abondamment représentées sur la couverture et à l'intérieur des catalogues. Les instructions relatives aux commandes, par exemple, sont souvent illustrées d'un dessin représentant une femme assise à une table, en train de remplir un formulaire ou de recevoir un colis.

Cependant, le fait que le catalogue mette soudain à la portée de la clientèle rurale des biens jusqu'alors accessibles seulement dans les grands centres urbains ne fait pas que des heureux. Les marchands locaux, surtout, voient d'un mauvais œil la concurrence démesurée de ces nouveaux géants de la consommation.

D'autres s'y opposent pour des considérations apparemment « morales », percevant les catalogues comme une invitation à la consommation excessive : « Ce fléau d'extravagances pour la toilette, pour les voitures, pour la boisson, pour les promenades et pour les plaisirs de toutes sortes », aurait dit le curé de Lévis, au Québec, en 1907.

Il y a également le mouvement coopératif Desjardins et ses caisses populaires, fondées au Québec par Alphonse Desjardins vers 1900, qui s'opposent, au nom des gagne-petit, à la vente par catalogue. Alphonse Desjardins travaillait

ardemment à promouvoir l'épargne, et s'élevait donc contre la nouvelle culture de consommation, contre « les périodes régulières de loisir, les dépenses compulsives et la moralité d'autosatisfaction en apparence permissive ».

S'il est difficile de mesurer l'impact d'une telle rhétorique, nous savons à tout le moins que l'achat par catalogue finit par entraîner un sentiment de honte chez plusieurs clients, surtout dans les petites agglomérations où le maître de poste exerce également la fonction de marchand général ! Pour contrecarrer cette situation qui leur est défavorable, les entreprises de vente par catalogue mettent rapidement sur pied un service spécial « incognito ». Voici une notice à cet égard dans le catalogue automne-hiver 1911-1912 de la maison Eaton : « Étiquettes d'envoi sans mention. Si vous ne désirez pas que notre nom apparaisse sur l'emballage, vous n'avez qu'à le spécifier au moment de placer votre prochaine commande. Vos instructions seront respectées. »

Quelles qu'aient été les réserves exprimées par une partie de la population à cette époque, la vente par catalogue a très certainement transformé le mode de vie et le commerce au Canada. Dans une certaine mesure, ce fut vraiment le début de la consommation de masse.

Le vaste choix d'articles que l'on peut acheter aujourd'hui par Internet et recevoir par la poste dépasse l'imagination : ordinateur, urine de jument en chaleur, balle de baseball, sirop d'érable, produits dérivés de Radio-Canada ou du Cirque du Soleil… MCP (CD)

BONJOUR, FACTEUR !

Bianca Gendreau

On dit depuis toujours « le facteur », mais « la factrice » existe aussi depuis 1965 ; le terme est même entré en usage à Postes Canada. Jusque-là, on croyait que les femmes ne pouvaient pas transporter de lourdes charges et qu'il était contraire aux convenances de leur demander d'enjamber les trottoirs enneigés ! Il y a bien eu quelques cas, notamment durant les deux conflits mondiaux, où des femmes ont remplacé les hommes à la distribution du courrier, mais ce fut pour de courtes périodes. Aujourd'hui, on les rencontre partout.

Cela dit, le facteur — dont vous n'avez peut-être jamais fait la connaissance — est un personnage important de votre quotidien : beau temps mauvais temps, il vous livre lettres, journaux, magazines, factures, et les bonnes ou mauvaises nouvelles directement dans votre boîte aux lettres. Et ce n'est pas d'hier qu'il parcourt votre coin de pays.

C'est le 1er octobre 1874 que la livraison gratuite du courrier à domicile est introduite dans les rues des grandes villes. La première ville à bénéficier de ce service est Montréal ; Toronto suivra six mois plus tard. Douze ans plus tard, toutefois, nombreux encore sont ceux qui louent une case au bureau de poste. En 1886, le maître de poste de Toronto, Thomas C. Patteson, décide d'émettre une circulaire pour vanter les mérites de ce nouveau système « moderne, sécuritaire et gratuit » et encourager les gens à s'en prévaloir. À croire que la vieille habitude d'aller soi-même chercher son courrier demeurait bien ancrée.

Grâce à des récits relatés dans les journaux, nous connaissons quelques anecdotes concernant les premiers facteurs. À Dartmouth, en Nouvelle-Écosse, l'un d'eux raconte les difficultés qu'il a éprouvées à livrer le courrier lorsque, en 1902, les trottoirs étaient enneigés

Les employés du bureau de poste de Montréal, succursale F. Au premier rang, Joseph Damase Arthur Antonio Lavigne ; entré en fonction le 26 avril 1910, il sera facteur pendant quarante ans et onze mois. MCP 1992.181.5.

À gauche : Divers modèles de boîtes aux lettres personnelles. MCP (CD)

Ci-dessus : Joseph Damase Arthur Antonio Lavigne a fait reproduire sa photographie sur une carte postale. MCP 1992.181.2.

En haut, à gauche : Boîte aux lettres en fonte de la fin du XIXᵉ siècle. Fixées à un lampadaire ou à un poteau télégraphique, ces boîtes étaient utilisées dans les centres urbains où le volume de courrier était peu important. MCP 1974.862.1 (CD)

Ci-dessus : Facteurs de père en fils : à droite, William Edward Banguay, qui prendra sa retraite après trente-huit ans de service ; à gauche, son jeune frère, James Robert Banguay, posant fièrement dans son bel uniforme ; et, au centre, leur père, Samuel Banguay. MCP (CD)

après une tempête (certaines choses n'ont pas beaucoup changé) ; il décrit aussi comment il est chargé de catalogues, de publicités et de journaux, surtout durant le temps des fêtes : « Il faut être en forme, mentionne-t-il, et avoir l'endurance d'un coureur de marathon. » Les boîtes de relais installées le long des tracés n'existent pas encore ; chaque facteur doit transporter l'ensemble de sa charge tout au long du chemin.

Une localité doit répondre à certains critères si elle veut bénéficier de la livraison gratuite du courrier par des facteurs. En 1924, ces critères sont stipulés comme suit : « La population de la ville doit se situer entre 10 000 et 12 000 personnes ; l'agglomération urbaine doit être circonscrite dans un espace compact ; le nom des rues doit être indiqué aux intersections ; les maisons doivent avoir un numéro ; il doit y avoir des trottoirs ; des boîtes aux lettres résidentielles doivent être installées à chaque maison. »

En l'absence d'une boîte aux lettres résidentielle, le facteur doit, chaque fois, sonner à la porte et attendre la réponse ; mais les propriétaires semblent se faire tirer l'oreille quelque peu avant de se décider à en installer. Le 1ᵉʳ juin 1898, le maître de poste de Brandon, en Ontario, demande à la population, par le biais d'une publicité, de bien vouloir installer ces réceptacles « sécuritaires, qui permettent au facteur de laisser le courrier en l'absence du résidant et évite à celui-ci d'avoir à répondre à la porte ».

Les devoirs du facteur

Au moment de son entrée en fonction, le facteur reçoit un livret intitulé *Instructions aux facteurs,* émis par le ministère des Postes. Dans celui de 1912, le facteur apprend qu'il ne doit pas avoir d'autres occupations pouvant nuire à sa fonction, qu'il ne doit pas s'absenter pendant le service et qu'il doit être ponctuel. D'autres exigences sont de nature plus personnelle : il est défendu de consommer des boissons alcoolisées, de siffler et de fumer dans l'exercice de ses fonctions ; on demande au facteur d'être respectueux envers le public et ses supérieurs, d'attendre un temps raisonnable lorsqu'il sonne chez les gens et d'éviter toute conversation inutile lorsqu'il effectue le tri au bureau de poste. L'importance de la confidentialité qui doit être accordée au courrier est aussi mentionnée plusieurs fois.

Si la livraison de porte en porte est l'élément le plus visible du travail du facteur — le parcours est de sept à dix kilomètres par jour avec des sacs de quinze kilos —, celui-ci doit également accomplir d'autres tâches : tôt le matin, avant son départ du bureau de poste, il effectue la dernière étape du tri en organisant les lettres, journaux, petits colis et périodiques selon la séquence de son itinéraire de distribution, sa « route ».

Tout cela doit se faire rapidement : le facteur doit lire l'adresse attentivement, retirer du lot les lettres qui ne peuvent être livrées parce qu'elles sont mal adressées, compléter les adresses auxquelles il manque un élément, aller

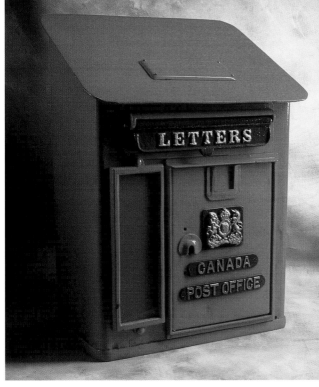

Cette boîte aux lettres de rue, utilisée au cours des années 1930, devait être installée sur un poteau peint en rouge. MCP 1977.13.1. (CD)

Ci-dessous : Photographie commémorative des facteurs affectés au bureau de poste d'Ottawa en 1914. MCP 1977.106.1.

Facteurs devant le bureau de poste de la rue Besserer, à Ottawa, vers 1950.
MCP 99-P0005.

chercher au comptoir approprié le courrier enregistré et les colis assurés, tout en mémorisant les changements d'adresse ou les avis de déménagement des résidants relevant de son itinéraire.

Cela se déroulait ainsi en 1920, et c'est encore ainsi aujourd'hui. Au bureau de poste, le matin, il faut voir le branle-bas de combat des facteurs et des factrices qui font leurs préparatifs ; chacun place le courrier dans les sacs à sa façon, mais tous savent que le courrier doit être livré.

Un uniforme bien connu

Les premiers uniformes datent des années 1880 et ont une allure quelque peu militaire : entièrement bleu marine, ils présentent au col une plaque de laiton sur laquelle figurent les initiales CPO (Canada Post Office) ainsi que le numéro matricule de chacun ; un autre monogramme est fixé sur le devant du képi.

Après 1900, alors que la distribution gratuite du courrier se répand dans les principales villes canadiennes, le nombre de facteurs augmente rapidement. Le ministère des Postes décide de leur fournir les nombreux éléments vestimentaires nécessaires. La garde-robe du facteur s'enrichit donc jusqu'à inclure tunique et pantalon de serge, tunique et pantalon de drap, veston d'été, pardessus, imperméable, chapeau d'été, képi et casque de fourrure, ceinture, guêtres de cuir, bottines, monogrammes en cuivre… et brosse à vêtements.

La règle est stricte : le laisser-aller n'est pas de mise. L'uniforme est, évidemment, obligatoire ; la tunique doit être boutonnée et les chaussures bien

Sac de courrier de 1919, utilisé pour acheminer le courrier d'un bureau de poste à un autre. MCP 1974.496.1. (CD)

Le centre de tri de Vancouver est un endroit hautement
mécanisé, mais il y a encore de nombreuses personnes qui
assurent le fonctionnement des appareils. (LG)

En haut, à droite : Un opérateur du centre de tri de
Halifax aux commandes d'une machine à trier les lettres.
L'opérateur peut faire acheminer chaque lettre vers l'une
des quelque deux cent cinquante « cases destination » qui
correspondent au quartier ou à la rue du destinataire.
Le lot de chaque case est mis en liasse et est envoyé
à la succursale postale où le facteur effectuera le
dernier tri. (JS)

À droite : Cette boîte aux lettres et colis des années 1910 est
un des joyaux de la collection du Musée canadien de la poste.
Certaines boîtes étaient munies de patins de bois sous les
pattes afin d'assurer une meilleure stabilité, mais la rudesse
du climat a obligé les concepteurs à les remplacer par des
lames de métal. MCP 1985.117.1. (CD)

Souvent, les facteurs choisissent ce métier pour la vie en plein air ; en 1999, ceux-ci arpentent quotidiennement les rues de Halifax. (JS)

cirées. On exige également que le facteur soigne son apparence extérieure : il doit être propre, avoir les cheveux courts et une barbe convenablement taillée ou rasée. Le mot d'ordre : « Un facteur bien mis est un indice favorable d'un bon service. Un facteur aux habits négligés annonce un service négligé. »

Les restrictions imposées par la Seconde Guerre mondiale et les difficultés d'approvisionnement en textiles obligent le ministère des Postes à adopter le gris comme couleur pour les uniformes. Au début des années 1950, toutefois, le bleu est définitivement de retour. La casquette remplace le képi, et un liséré rouge s'ajoute au pantalon et à la veste.

Depuis une vingtaine d'années, les découvertes et les améliorations en matière de textile modifient considérablement l'habillement des facteurs. Le vêtement confortable et lavable, chaud, imperméable mais qui « respire » est l'uniforme du XXIᵉ siècle. Bien entendu, même si le costume est plus décontracté, il joue encore le rôle de symbole et demeure important.

Les facteurs dans la communauté

Nombreux sont les facteurs et les factrices qui ont conscience de leur rôle au sein de la communauté. Ils ont l'œil sur « leur » quartier, et leur présence quotidienne rassure la population. Avec le temps, ils en viennent à établir des liens chaleureux avec les gens qu'ils côtoient. On attend souvent leur visite ; les adolescents les saluent — quelquefois avec des boules de neige — et les chiens leur réservent une marque d'affection ou un petit grognement. Quant aux enfants, ils les attendent sûrement avec impatience lorsqu'ils apportent les lettres du père Noël à l'école.

Ci-contre, dans le sens des aiguilles d'une montre : en haut, à gauche, vers 1890, le plus ancien uniforme de facteur de la collection du Musée canadien de la poste. (MCP 1974.502.1.) *Cape imperméable des années 1930.* (MCP 1995.75.3.) *Au début des années 1950, le liséré rouge s'ajoute au pantalon et à la veste.* (MCP 1983.85.1.) *Quand les femmes deviennent factrices, en 1965, on conçoit pour elles un chapeau pour remplacer la casquette.* MCP 1974.672.1. (CD)

QUELQUES DATES
D'INAUGURATION
DE LA LIVRAISON GRATUITE
DU COURRIER

1874	Montréal
1875	Toronto, Québec, Ottawa, Hamilton, Saint John, Halifax
1876	London
1882	Winnipeg, Kingston
1888	Victoria
1895	Vancouver
1907	Edmonton, Calgary, Stratford, Saint-Hyacinthe, Trois-Rivières, Peterborough, Sherbrooke, Guelph, Charlottetown, Windsor
1908	St. Catharines, Sarnia, Fort William, Port Arthur, Moncton
1909	Regina
1910	Hull, Saskatoon
1911	Lethbridge, Niagara Falls
1912	Sault Ste. Marie
1913	Fredericton
1917	Shawinigan
1921	Pembroke
1922	Waterloo

Ninon Hotte est factrice à Gatineau, au Québec, depuis six ans.

Lorsqu'elle arrive au bureau de poste, le courrier relevant de son itinéraire a déjà franchi une partie des nombreuses étapes du tri.

Avant de partir faire sa tournée, elle trie son courrier et prépare sa sacoche. Le père de Ninon était maître de poste à Gatineau. Enfant, Ninon admirait l'uniforme qu'aujourd'hui elle endosse tous les jours. (SD)

LIVRAISON SPÉCIALE

LE COURRIER
EN TEMPS DE GUERRE

John Willis

Le Canada a pris part aux deux grands conflits mondiaux de la première moitié du XXe siècle. Ces guerres ont marqué profondément ceux qui les ont vécues, qu'ils aient été au front ou qu'ils soient restés au pays. Jamais encore un aussi grand nombre de ressources et de vies humaines n'avaient été sacrifiées. Mais bien que l'effort de guerre ait presque épuisé les ressources matérielles et morales du pays, le Canada s'en est tiré indemne politiquement et socialement.

Comment les Canadiens ont-ils réussi à surmonter ces difficultés dans leur vie jusque-là pacifique ? On peut penser que la possibilité de garder contact avec sa famille, ses amis et tous les êtres chers fut d'un précieux secours. Le va-et-vient continu des lettres entre les champs de bataille et le pays a constitué un exploit remarquable qui a permis de soutenir tous les Canadiens, qu'ils fussent dans les tranchées d'Europe, tapis dans des abris antiaériens, blottis les uns contre les autres dans des camps de détention, ou morts d'inquiétude au Canada.

Le moral des troupes

Faire la guerre, au XXe siècle, c'était faire la guerre totale. Toute la population, aussi bien civile que militaire, a reçu l'ordre de serrer les rangs. Au Canada, le gouvernement a eu recours à la propagande et à la censure pour s'assurer de l'engagement absolu de tous. Pendant la Première Guerre mondiale, les productions cinématographiques étaient soigneusement examinées, tout comme le seraient les émissions de radio pendant la Seconde Guerre mondiale. En 1915, on confisqua les appareils photo des soldats, pour éviter la circulation d'images indésirables. Pendant les deux guerres, le gouvernement mit à contribution les sociétés publiques et privées pour créer des campagnes de propagande encourageant l'effort de guerre et chantant les louanges du patriotisme. On demandait aux citoyens de contribuer à soutenir le moral des troupes en écrivant des lettres. Des affiches utilisaient à cette fin des termes directs et frappants.

IL N'ÉTAIT PAS TOUJOURS FACILE DE SE PROCURER DU PAPIER. HERMAN DOBSON, EN OCTOBRE 1918, RACONTE SES MÉSAVENTURES À MURIEL MCFIE : « *Tu vas sûrement te dire, mon Dieu! Où est-ce que j'ai bien pu dénicher ce papier ? Laisse-moi te raconter. Depuis plusieurs mois, nous talonnons les Boches, et naturellement il est très difficile de trouver du papier et des choses comme ça, alors on fait ce qu'on peut. Hier soir, on a continué notre progression vers l'Allemagne, et on s'est arrêtés dans une assez grande ville quelque part en France, avant de passer pour de bon la frontière. Alors aujourd'hui j'ai fouillé un peu partout, pour voir ce que je trouverais, et j'ai récupéré, entre autres choses, ce papier. Bon maintenant j'ai du papier, mais pas d'enveloppe, alors je vais juste écrire ma lettre et essayer de trouver une enveloppe plus tard. Je n'ai pas vraiment le choix. J'aimerais bien aussi avoir un peu d'encre pour mon stylo, j'ai peur que mon écriture, mes gribouillis plutôt, se soit effacée quand tu essaieras de me lire.* » (Traduction libre.)

Ci-contre : Quelques lettres de Herman Leishman à Joan Corrigan, écrites lors de la Seconde Guerre mondiale. MCP (CD)

Armoiries du Corps postal canadien.
MCP 1974 2307.1. (CD)

À droite : Veste de la tenue de combat réglementaire du caporal Lucien Brunet, du Corps postal, qui lui fut remise à son retour au Canada. Brunet passa la plus grande partie de la guerre dans un camp de détention japonais. MCP 1984.38.5. (CD)

Le Corps postal canadien, créé en 1911 pour assurer la livraison du courrier aux troupes basées outre-Atlantique, formait l'élément essentiel de cette campagne. « *Servire armatis* » (servir les forces) était sa devise.

Pendant la Seconde Guerre mondiale, le quartier général du Corps se trouvait au Base Post Office, un immeuble de quatre étages situé rue Nicholas, à Ottawa. Pour des raisons de sécurité et de logistique, tout le courrier du personnel militaire canadien devait passer par là. Au dernier étage, des censeurs examinaient le courrier destiné aux prisonniers de guerre allemands rassemblés dans des camps au Canada. Le traitement des colis occupait deux étages entiers. Les familles faisaient parvenir toutes sortes d'objets invraisemblables

aux militaires stationnés outre-mer : des œufs durs confits dans la graisse végétale, du chocolat, des bonbons, de la crème à raser, du sirop d'érable, des serviettes de bain. Les denrées comestibles — des homards ou de la morue, par exemple — étaient parfois mal emballées ; les préposés aux colis, hélas, s'en apercevaient trop tard.

À Montréal, un entrepôt entier était affecté au tabac. À la demande des familles qui faisaient parvenir des bons de commande, on envoyait des cigarettes aux soldats. Et comme le prix de ces cigarettes faisait l'objet d'une réduction, on apportait à ces envois un soin particulier, pour éviter que des civils ne s'en procurent.

Partout au Canada, dans presque toutes les bases militaires, des membres du Corps postal étaient responsables de l'acheminement du courrier destiné à l'aviation, à la marine et à l'armée de terre. De l'autre côté de l'Atlantique, en Angleterre, un grand centre de tri était installé à Wembley, près de Londres, dans une ancienne usine de brillantine. Près d'un demi-million de soldats étaient cantonnés en Angleterre, en juin 1944, juste avant le débarquement en Normandie. Il n'est pas étonnant, dans ces circonstances, que de si vastes installations aient été nécessaires.

Le Corps postal n'était pas seulement basé en Angleterre ; plusieurs de ses membres ont suivi l'armée dans les campagnes d'Afrique du Nord et d'Italie ; d'autres ont débarqué en Normandie et avancé avec les armées jusqu'en Belgique et aux Pays-Bas. En général, les membres du Corps n'allaient pas au front, mais même à l'arrière leur travail était dangereux ; les bombardements aériens, surtout, étaient à craindre.

Catherine Armstrong se souvient par exemple d'une bombe, à Anvers, qui avait raté de peu sa cible :

> J'étais dans le mess, un soir, quand, tout à coup, un type qui écrivait à sa femme — il s'appelait Coopman — me sauta dessus et me jeta par terre. Au même moment, une bombe explosa en arrachant le mur de notre édifice. Puis une autre bombe tomba sur les installations postales des Britanniques et des Américains, de l'autre côté de la rue, les réduisant en ruines.

En page de gauche : (en bas, à gauche) Comme l'envoi de milliers de lettres outre-mer posait de nombreux problèmes d'ordre logistique, un système d'allègement fut introduit en novembre 1941. Les lettres dont la destination était à peu près la même étaient ouvertes et microfilmées. Un seul microfilm pouvait contenir jusqu'à mille cinq cents lettres. Une fois arrivées à destination, ces lettres étaient tirées sur papier et distribuées aux soldats. ANC, C-146532 ; *(au centre et à droite) Pendant la Seconde Guerre mondiale, on encourageait les Canadiens à écrire aux soldats en campagne. On pensait que ces lettres auraient des effets bénéfiques sur le moral de l'armée et contribueraient ainsi à la victoire.* MCP 1994.66.11. (CD) ; MCP 1994.66.8. (Harry Foster)

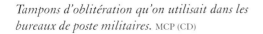

Tampons d'oblitération qu'on utilisait dans les bureaux de poste militaires. MCP (CD)

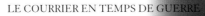

Kenneth Edgar Clayton-Kennedy écrit une lettre du front, pendant la Première Guerre mondiale.

Aviation royale du Canada, escadrille 15, 19900346-032, © Musée canadien de la guerre

Ci-dessus, à droite : Une bûche sert d'écritoire au front, pendant la Première Guerre mondiale.

19920044-504, © Musée canadien de la guerre

Outre la mort ou l'invalidité, le plus grand danger que courait un membre du Corps postal, c'était celui d'être fait prisonnier. Lucien Brunet n'avait que vingt-trois ans quand il s'engagea dans le Corps postal. En novembre 1941, il quittait Vancouver avec le malheureux contingent C, mille neuf cents hommes envoyés en renfort à Hong-Kong. Les Japonais prirent Hong-Kong le jour même de Noël, et Brunet et quelque mille six cents autres Canadiens furent faits prisonniers jusqu'à la fin de la guerre.

La vie était dure dans les camps de prisonniers de guerre à Hong-Kong. On mangeait peu, des épidémies sévissaient. On confiait à la Croix-Rouge le soin de faire parvenir des colis aux prisonniers, mais ces colis arrivaient rarement à destination. Les lettres étaient tout aussi rares. Ford Martyn, prisonnier à Hong-Kong, ne reçut le courrier que ses parents lui avaient envoyé qu'une fois la guerre terminée ; eux-mêmes ne reçurent jamais de nouvelles de leur fils pendant toute cette période.

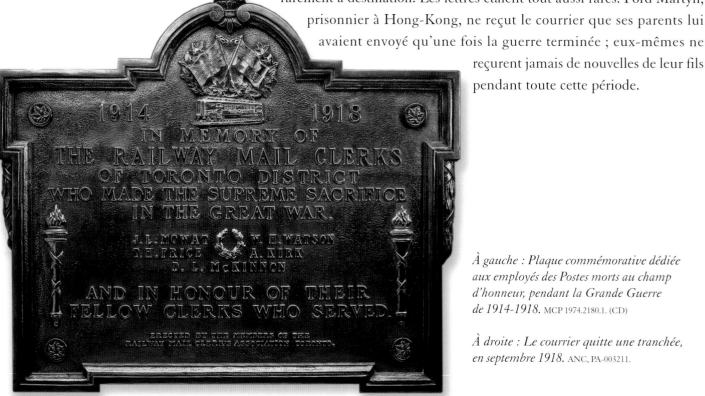

À gauche : Plaque commémorative dédiée aux employés des Postes morts au champ d'honneur, pendant la Grande Guerre de 1914-1918. MCP 1974.2180.1. (CD)

À droite : Le courrier quitte une tranchée, en septembre 1918. ANC, PA-003211.

« *Encore grisés de vos caresses…* »
Les soldats écrivaient à leur famille pour leur donner de leurs nouvelles, mais aussi parce que cela leur était conseillé : écrire calme les nerfs et permet de garder contact avec les êtres aimés. Le bon moral des troupes dépendait, en quelque sorte, de ces quelques lignes rédigées sur du papier déniché souvent par hasard, et auquel les soldats confiaient leurs amours, leurs souffrances, leurs espoirs et leurs moments de désespoir.

À gauche : Le papier à lettres des régiments, souvent décoré du blason d'une unité particulière, était employé pour encourager l'esprit de corps chez les soldats. De gauche à droite, en haut : Armée canadienne, Royal Canadian Dragoons, Corps de prévôté canadien. MCP 1994.71.6, 71.4, 71.5 ; *en bas : Papier à lettres de l'Aviation royale du Canada.* MCP 1994.71.3. (CD)

Rien n'était laissé au hasard : la correspondance des amoureux, aux accents patriotiques, devait se conformer à un scénario préétabli, Première Guerre mondiale. Soldat Martin J. Suter, 19750073-005 et 19750073-007, © Musée canadien de la guerre

En 1916, le capitaine Darling, Canadien d'origine écossaise, entama une correspondance qui dura deux ans avec sa fiancée anglaise, Bee Twiss. Ses premières lettres commençaient par les mots « Ma très chère sœur » ; bientôt, cependant, le ton s'échauffa. En février 1917, il ne l'appelait plus que « Ma bien-aimée », signait « Ton Douglas qui t'aime », en citant des vers en français :

Les lendemains ont leur tristesse
Quand nous rentrons de permission
Encore grisés de vos caresses
Déjà repris d'appréhension.

Herman Leishman, de Dean Lake, en Ontario, s'engagea au début de 1942 et entama aussitôt une correspondance avec Joan Corrigan, de Mindemoya, sur la baie Georgienne. Sa première lettre, envoyée du camp Borden, faisait quinze pages. Comme c'était la première fois qu'il quittait sa région, ses lettres témoignaient de son étonnement devant toute chose, les charmes de l'hiver québécois, par exemple (« les gens se déplacent en traîneaux »), ou les paysages de la campagne anglaise. Bien qu'il fût interdit

Ci-contre : Membres du CPC au travail. MCP sauf en haut, à gauche ANC, PA-061630.

Ci-dessus : Les cartes postales qu'envoyait Paul Triquet à sa famille durant la Seconde Guerre mondiale donnent l'impression qu'il effectuait un tour d'Europe. Ses messages révèlent cependant une tout autre réalité. MCP (CD)

Pendant la Première Guerre mondiale, un facteur apporte lettres et colis à l'Hôpital militaire canadien, à Troyes, en France.

Collection Isaacson. Association des Infirmières et Infirmiers du Canada.

de divulguer le nom du navire sur lequel se faisait la traversée de l'Atlantique, Herman déjoua le zèle des censeurs en glissant dans une de ses lettres des armoiries portant le nom du bateau, le *Stewardess*. Les termes affectueux qu'il emploie, comme « ma petite soldate », « ta pomme d'amour », témoignent de la chaleur de leurs rapports. La force des sentiments d'Herman reste palpable aujourd'hui, soixante ans après sa mort en Sicile en 1943.

En temps de guerre, les mauvaises nouvelles sont aussi fréquentes que les lettres d'amour. « La guerre est infernale. C'est incroyable de voir comment l'homme, dans les combats, redevient une bête sauvage. » C'est dans des termes très crus que Frank Maheux décrit sa situation à sa femme : « On en a foutu tout plein aux Allemands, ils ont attaqué en paquet comme des mouches, mais il y en a juste quelques-uns qui sont arrivés jusqu'à ma tranchée, et je les avais zigouillés avant qu'ils en touchent le fond. » Moins de trente ans plus tard, en 1943, l'horreur est tout aussi grande ; Herman Leishman écrivit à Joan Corrigan : « J'ai passé une demi-journée, la semaine dernière, que je ne veux plus jamais revivre, les Boches nous ont vraiment fait des vacheries, mais c'est ça, la guerre. »

Devant tant d'horreur, certains se raidissent, se désensibilisent. Claude Williams, ancien étudiant en médecine, écrivait ces mots mordants à sa mère en 1916 :

On peut à peine bouger sans marcher sur les os ou d'autres restes de tous ces êtres chers qui nous ont quittés… Tu sais comme je peux paraître morbide avec les cadavres, etc., eh bien, j'avais pris l'habitude d'aller chercher, en me promenant, des spécimens d'os pour ma collection. À l'heure qu'il est, j'ai presque recomposé un squelette entier, que je garde sous mon lit. Le pire, c'est qu'il est en partie Français et en partie Boche. Je ne sais pas si ça va marcher, mais je devrais y mettre quelques os anglais, pour la bonne mesure.

De telles horreurs, de telles absurdités minaient le moral des soldats, de part et d'autre du champ de bataille. La censure militaire des Austro-Hongrois nota une forte recrudescence de l'opposition à la guerre dans les derniers moments de la Première Guerre mondiale. Au Canada, on finit aussi par se lasser de la guerre. Une mère écrivait à son fils en 1917, pour lui annoncer qu'il pourrait obtenir une permission exceptionnelle de l'armée :

Ci-dessus : Émilien Brousseau (sixième à partir de la gauche, deuxième rangée), transporté de joie, photographié avec son unité d'ambulanciers à Paris en mai 1945. Il écrivait à son amie, à Amos, au Québec, pour qu'elle fasse développer quatre rouleaux de pellicule pour lui. Collection privée.

[Paddy] dit que, dans les mêmes circonstances, il pourrait t'avoir une permission. Tu pourrais échapper au pire de l'hiver, et peut-être même être ici à Noël… Il veut s'y mettre tout de suite après son retour. Il dit qu'il écrira d'abord à ton commandant, pour lui dire qu'on a besoin de toi de toute urgence à la maison, parce que tes parents sont malades, ou enfin, pour une excuse quelconque.

La saloperie de guerre est finie…

La Première Guerre mondiale se termina en novembre 1918, et la Seconde Guerre en 1945. Partout au Canada et dans le monde, on dansa dans les rues. Le soulagement et la joie de pouvoir recommencer à vivre étaient immenses. Et pour recommencer à vivre, il fallait recommencer à penser à la vie.

Ci-dessus : Carte postale. Le jeune Bobby et sa mère, la veille de Noël, à Wengen, en Suisse, en 1948. Ses parents, Stewart et Elaine Willis, avaient décidé, entre la victoire des Alliés (en mai 1945) et la reddition du Japon (en août), de fonder une famille. C'était le début du baby-boom d'après-guerre. Collection privée.

L'ART ET LA POSTE

Chantal Amyot

On connaît le zèle qui caractérise les artistes dans la recherche de tout support susceptible de recevoir leurs créations picturales : murs de temples, papiers et tissus de toutes sortes, livres religieux, corps humain, panneaux-réclames, portes d'armoire… Or, l'année 1840 allait offrir à certains d'entre eux un nouveau territoire, restreint certes, mais d'envergure internationale : le timbre-poste. D'autres artistes, par contre, allaient graduellement s'approprier les matériaux et les outils du service postal pour les investir à leur manière.

Le rôle premier du timbre-poste est éminemment pratique. Mais, depuis ses débuts, celui-ci sert également à représenter le pays qui l'émet ; chaque pays semble avoir voulu rivaliser d'imagination pour faire de ce modeste ambassadeur une vitrine de sa culture.

De nos jours, les artistes qui travaillent à l'iconographie des timbres-poste ont recours à un très grand choix de techniques et de médiums. Il suffit d'une touche sur un clavier d'ordinateur pour réduire à peu près n'importe quelle œuvre picturale à la taille d'un timbre-poste et, ainsi, visualiser instantanément le rendu. Il y a cent cinquante ans, les démarches étaient beaucoup plus longues et laborieuses. À la taille-douce et à la gravure sont venus s'ajouter la lithographie, la photogravure, la typogravure, les hologrammes, les procédés informatiques, etc. Les médiums utilisés pour la création de timbres-poste sont très nombreux ; derrière ces petites vignettes gommées se cache un intense travail de création et de précision.

En plus de reproduire des chefs-d'œuvre de l'art canadien, les timbres-poste sont eux-mêmes souvent des œuvres originales de grande qualité. Celui qui, par exemple, représente la goélette néo-écossaise *Bluenose,* émis le 8 janvier 1929, est l'un des timbres-poste canadiens les plus connus et appréciés. L'artiste — le graveur Harold Osborn, et non Charles Savage comme on l'a longtemps cru — avait d'abord proposé une illustration de deux barques de pêcheurs, comme le démontre la maquette, mais, pour une raison inconnue, cette image n'a pas

Le Canada vu par ses artistes : chacun de ces douze timbres-poste (émission commémorative de 1982) illustre une scène d'une des dix provinces et des deux territoires. Yukon : A. Y. Jackson ; Québec : Adrien Hébert ; Terre-Neuve : Christopher Pratt ; Territoires du Nord-Ouest : René Richard ; Île-du-Prince-Édouard : Molly Lamb ; Nouvelle-Écosse : Alex Colville ; Saskatchewan : Dorothy Knowles ; Ontario : David Milne ; Nouveau-Brunswick : Bruno Bobak ; Alberta : Illingworth Kerr ; Colombie-Britannique : Joe Plaskett ; Manitoba : Lionel LeMoine FitzGerald. MCP (CD)

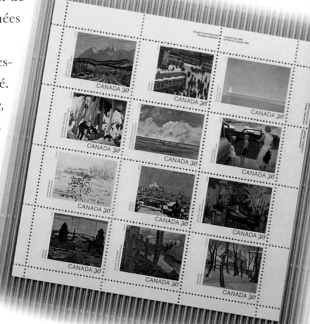

À gauche : Joe Fleming, FUTUREPOST, *acrylique sur bois et débris de fer, 1992.* MCP 1993.82.1. (CD)

été retenue. C'est d'ailleurs grâce à cette maquette que l'on peut observer l'évolution du travail de l'artiste : la bordure de la première proposition a été conservée, alors que l'image a été remplacée par un montage de deux photographies de W. R. MacAskill, de Halifax. Les deux photographies représentent le *Bluenose*, vu sous des angles différents.

Que ce soit pour commémorer l'ouverture d'institutions culturelles partout au pays, pour illustrer un sujet particulier, ou simplement pour présenter nos artistes au monde entier, de nombreuses émissions philatéliques célèbrent le génie créatif des artistes canadiens. De Cornelius Krieghoff à Alfred Pellan en passant par Bill Reid, la richesse et la grande variété des productions artistiques canadiennes sont particulièrement mises en valeur par le programme de timbres canadiens.

Il arrive également que Postes Canada commande des œuvres directement à un ou plusieurs artistes. En 1984, par exemple, elle a commandé à l'artiste québécois Jean Paul Lemieux une série de douze tableaux pour l'émission de la fête de la Confédération. Cette collection ne ressemble pas à celles que l'on trouve habituellement dans les musées ; l'artiste n'a pas travaillé à partir d'une impulsion mais à partir d'un sujet imposé. Il a exécuté son travail en ayant à l'esprit que l'œuvre serait miniaturisée, reproduite en plusieurs millions d'exemplaires et vue par des millions de personnes. Les scènes peintes à cette occasion par Jean Paul Lemieux représentent chacune un territoire ou une province et révèlent sa vision du pays.

De gauche à droite, les œuvres représentées sur ces timbres sont : Le Bison des bois, *de Robert Bateman ;* Le Coureur, *de Robert Tait McKenzie ;* Le Gros Corbeau, *d'Emily Carr ;* La Famille du fermier, *de Bruno Bobak ;* Une rencontre des commissaires d'école, *de Robert Harris ;* Le Pavot bleu, *de Claude A. Simard ;* Avril dans le parc Algonquin *et* Bouleaux d'automne, *de Tom Thomson.* MCP (CD)

Ci-contre : Éléments représentant le travail de montage effectué pour créer le timbre-poste à l'effigie du Bluenose, *émis le 8 janvier 1929.* MCP 1999.109.13. (CD)

Ensemble de plis Premier Jour de la série « Chefs-d'œuvre de l'art canadien ». Sur le premier pli figure Le Hibou *de Kenojuak Ashevak ; parmi les autres artistes : Alfred Pellan, David Milne, Frederick Varley, Bill Reid et Walter J. Phillips.* MCP (CD)

*Ci-dessus : Créées
par Hella Braun, de
Kitchener, en Ontario,
ces figurines ont été
photographiées par
Bert Bell pour la série
de timbres-poste de
Noël 1982.* MCP 2000.3.1-29.
(CD)

*À droite, et en haut :
La série des timbres-poste
de Noël 1976 est consacrée
à des vitraux canadiens
représentant la Nativité ;
le timbre de vingt cents
reproduit un vitrail de
forme ronde, créé par
l'artiste canadienne
Yvonne Williams.*
MCP 1984.20.1. (CD)

Le médium est le message postal

Si le vaste monde de la poste a permis à l'art visuel de se mettre en valeur, l'inverse est tout aussi vrai, car l'art a souvent emprunté des images et même des matériaux à la poste. De prime abord, on pense aux peintures illustrant, par exemple, une femme assise lisant une missive, ou une nature morte dans laquelle figurent quelques plis portant un sceau… Rares sont les musées d'art qui ne comptent pas au moins quelques œuvres de ce type.

Mais il existe aussi une catégorie d'œuvres d'art, sans doute moins connue, qui utilise des objets évoquant la poste — papier à lettres, enveloppes, timbres ou cachets — comme médium ou support. Dès leur introduction, les timbres-poste exercèrent une véritable fascination ; on n'hésitait pas à s'en servir comme élément décoratif. Il arrivait même que l'on tapisse les murs, les meubles ou d'autres objets domestiques de timbres-poste.

De nos jours, les artistes emploient couramment des techniques mixtes qui agencent des matériaux et des supports aussi variés qu'inusités. La collection du Musée canadien de la poste comprend justement plusieurs œuvres contemporaines où figurent des objets évoquant la livraison de la poste. Utilisés pour la richesse de leurs couleurs, pour leur forme ou pour le sujet représenté, les timbres-poste sont très souvent disposés à même l'iconographie.

Photographie d'un mobilier de chambre recouvert d'environ deux millions de timbres, publiée dans la revue britannique Strand, *en 1898.*
McGill University Libraries.

Œuvre de la Manitobaine Edna Myers, Sourires (1991) *fait partie d'une série où chaque composition représente le salon de l'artiste. Les tableaux sont tous composés de timbres-poste, d'un poème, d'une gravure et d'un dessin au pastel.*
MCP 1992.184.10. (CD)

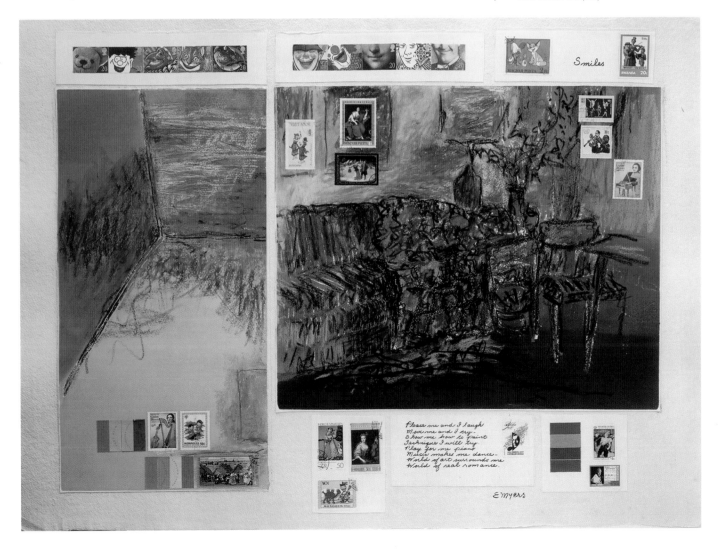

En 1998, Postes Canada émet une série de timbres-poste en l'honneur du groupe d'artistes montréalais « Les automatistes », pour commémorer le cinquantième anniversaire du manifeste Refus global. Y figurent évidemment une peinture de Paul-Émile Borduas, instigateur du manifeste, ainsi qu'un tableau de chacun des peintres suivants : Jean-Paul Riopelle, Fernand Leduc, Jean-Paul Mousseau, Pierre Gauvreau, Marcelle Ferron et Marcel Barbeau. MCP (CD)

Ci-contre, en bas, à gauche : Variations on the Mona Lisa. Les artistes qui ont participé à cette œuvre sont, à partir de la colonne de gauche, de haut en bas : Cracker Jack Kid, Henri Robideau, Ruud Janssen, Jesús Galdámez, Fredo Ojda, Alexandre Iskra, Aaron Flores, Daniel Daligand, Phyllis Cairns, Brian Pitt, Steen Krarúp, Bálint Szombathy, Stephen Denslow, Helmut Zielke, Karsten Matthes, Anna Banana, Mark Dicey, Vittore Baroni, Ko De Jonge, Gail Pocock, Private World, Lunar Suede, Henning Mittendorf, Ladislav Guderna, Paolo Cantarutti, Hermann Bödecker, Musicmaster, John Evans, Gaetano Colonna, Melissa Wraxall, Fran and Paul Rutovsky, Buz Blurr, Diana Durrand, Peter Dickson, Carolyn Rowney, Ed Varney. Produite par Ed Varney. Publiée par le Museo Internacionale de Neu Art et la Surrey Art Gallery. MCP 1995.10.137. (CD)

Ci-contre, en bas, à droite : Zer's more horses asses in zee world zan zer iz horses. Feuillet Artistamp d'Anna Banana. International Art Post, vol. 6, n° 2, décembre 1993, Feuillet 6/6 d'A. Banana, ISSN 0845-6312. © 1993 Banana Productions, CP 3655, Vancouver (BC), Canada V6B 3Y8. MCP 1995.10.104. (CD)

À droite : De haut en bas puis de gauche à droite, les œuvres représentées sur ces timbres sont : Le Cône de glace des chutes Montmorency, *de Robert C. Todd* ; Un village des Laurentides, *de Clarence A. Gagnon* ; Îlots de conifères, *d'Arthur Lismer* ; Nativité, *de Jean Paul Lemieux* ; Sans titre nº 6, *de Paul-Émile Borduas* ; À la Baie Saint-Paul, *de Marc-Aurèle Fortin* ; La Forge, *de Cornelius Krieghoff* ; Autoportrait, *de Frederick H. Varley* ; Campement amérindien sur le lac Huron, *de Paul Kane* ; Retour des champs, *de Marc-Aurèle de Foy Suzor-Côté* ; Les Pères de la Confédération, *de Robert Harris* ; L'Oiseau esprit, *de Doris Hagiolok* ; Le Chaman, *de Simon Tookoome* ; Retour du soleil, *de Kenojuak Ashevak* ; Sedna, *d'Ashoone Kiawak* ; Cinq Esquimaux construisant un iglou, *d'Abraham de Povungnituk* ; Tente d'été, *de Kiakshuk.* MCP (CD)

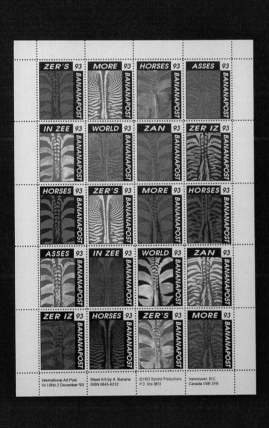

Mais fiez-vous aux artistes pour explorer toutes les voies ! Chez l'artiste montréalais Pierre Bruneau, le support lui-même a une origine postale. Bruneau peint directement sur des sacs postaux, des enveloppes ou des feuilles d'albums de philatélie. Il emploie ces supports à la place de la toile traditionnelle, ce qui a pour effet d'introduire une nouvelle thématique — en l'occurrence la poste — à ses œuvres.

L'art par correspondance

Enfin, un réseau international d'artistes utilise le service postal, non seulement pour faire circuler des œuvres, mais afin que la poste elle-même participe à leurs créations ! L'« art par correspondance » — puisqu'il s'appelle ainsi — existe depuis les années 1950. Ce happening dans l'espace et le temps donne aux artistes l'occasion d'intégrer à leurs travaux une intervention extérieure, plus ou moins contrôlée ; ce n'est qu'après être passée par le réseau postal que l'œuvre est achevée. L'oblitération lui apporte en quelque sorte la dernière touche. L'œuvre complétée se compose à la fois du contenant — l'enveloppe ou le colis — et du contenu — la lettre ou l'œuvre insérée dans l'envoi.

D'autres artistes choisissent l'enveloppe comme support, la couvrant d'illustrations tout à fait insolites, alors que certains créent plutôt des objets qui rappellent la poste, tels que de faux timbres ou tampons.

Ouvert à qui veut bien s'y intégrer, le réseau d'art par correspondance ne cesse de s'agrandir. Des créateurs renommés tout comme des artistes en herbe des quatre coins du monde partagent ainsi leur passion, leurs idées et leurs recherches. Fondamentalement démocratique, cette forme d'art offre souvent des commentaires forts et troublants sur les tendances sociales, politiques et économiques de la civilisation contemporaine.

L'environnement, le racisme, le sexisme, la violence et l'art lui-même figurent parmi les thèmes qu'exploitent les artistes. Ceux-ci n'hésitent pas à choquer, à interpeller ou à

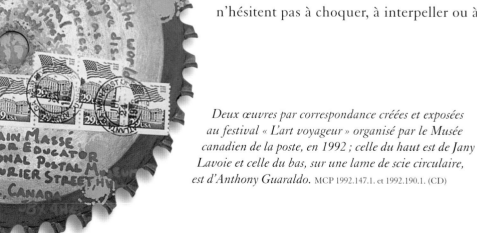

Deux œuvres par correspondance créées et exposées au festival « L'art voyageur » organisé par le Musée canadien de la poste, en 1992 ; celle du haut est de Jany Lavoie et celle du bas, sur une lame de scie circulaire, est d'Anthony Guaraldo. MCP 1992.147.1. et 1992.190.1. (CD)

interroger ceux qui contemplent leurs œuvres : « *Guernica,* s'il te plaît, reste au Prado » (Guernica, *please stay at the Prado Museum*) ou encore « Dada est partout » (*Dada is everywhere*). Puisque le fonctionnement même de l'art par correspondance incite au dialogue, certaines œuvres évoluent au fur et à mesure qu'elles circulent : un destinataire y ajoute ses commentaires et remet l'œuvre en circulation. Cette forme d'expression permet aux artistes de donner leur opinion sur les tendances sociales et politiques, mais également d'ouvrir le débat sur un nombre infini de questions.

Œuvre de l'artiste montréalais Pierre Bruneau : message écrit à l'encre de Chine noire sur un sac postal. MCP 1996.132.1. (CD)

QUAND LA POSTE DEVIENT POP !

Bianca Gendreau

Vous avez peut-être vu *Diva, Il postino* ou *You've Got Mail…* D'origines et de styles très divers, ces œuvres cinématographiques ont toutes connu un grand succès et possèdent au moins une chose en commun : l'importance qu'y revêt l'échange de missives et de messages. La correspondance par lettres fonde l'intrigue d'une dizaine d'autres films, sans parler des allusions à la poste dans les chansons populaires. En fait, on trouve dans de nombreux aspects de notre vie quotidienne, qu'il s'agisse du sport, de la musique ou des séries télévisées, des références à la poste. Les designers s'en inspirent dans leurs conceptions graphiques, tout comme les spécialistes du marketing et de la publicité.

Page de gauche : Diverses décorations du temps des fêtes, moment où le père Noël devient le Grand Facteur ! MCP (CD)

Même si cette pratique est entrée dans nos mœurs depuis belle lurette, le fait d'écrire ou de recevoir une lettre n'a jamais perdu son aspect magique. Les arts populaires s'y réfèrent abondamment pour traduire les croyances, les modes et les valeurs d'une population. Certaines images familières reliées au monde de la poste — telles que la rencontre du facteur et du chien, la boîte aux lettres ou l'enveloppe timbrée — sont devenues de véritables « icônes ». Même les ordinateurs — pourtant dégagés des contraintes matérielles du papier — utilisent une image d'enveloppe pour indiquer l'option du courrier électronique.

Ce qu'on appelle « icône », dans la culture contemporaine, est une image dotée de significations émotionnelles ou intellectuelles qui surpassent l'aspect physique de l'objet ou l'usage courant qu'on en fait. De telles images sont porteuses d'un sens déterminé par notre mentalité, un ensemble de vérité et de fiction, de tradition et de mode, de passé et de présent. Pourquoi certains objets acquièrent-ils le statut d'icône ? Parce que ce qu'ils évoquent est saisi instantanément par un grand nombre de personnes. Combien de fois utilise-t-on la plume d'oie, par exemple, pour représenter une prose romantique !

Boîte à timbres de céramique en forme d'enveloppe. MCP 1994.70.1. (CD)

Même si, par définition, elles doivent franchir tous les rouages du système postal pour atteindre leurs destinataires, les cartes de souhaits sont elles-mêmes souvent illustrées de thèmes qui évoquent la poste. Pensez aux cartes de Noël où figure une boîte aux lettres typique des routes rurales, qui déborde de cartes et de cadeaux. En tant que symbole, la poste illustre parfaitement l'affection chaleureuse que représente le fait de prendre le temps d'écrire et d'expédier sa missive.

La collection du Musée canadien de la poste comprend plusieurs de ces objets, témoins des liens entre la poste et la culture populaire. Attachants et souvent amusants, ils reflètent bien jusqu'à quel point la poste est devenue un symbole du langage universel.

Un facteur plus un chien égale…

Le facteur est le symbole par excellence du messager ; il est le lien humain entre deux personnes qui correspondent parce que la distance les sépare. L'image d'un facteur qui sonne à la porte dépasse l'information factuelle ; elle évoque instantanément le plaisir que procure l'arrivée d'une lettre.

Mais le facteur est également un être typé : on peut s'en servir pour représenter un personnage responsable, constant ou bienveillant. Souvent, on le voit associé à un chien, les deux formant une paire indissociable dans l'imaginaire collectif. Vous les verrez ensemble comme salière et poivrière, comme bibelot, pour annoncer une marque de peinture extérieure ou pour vanter les mérites d'un pantalon créé à partir d'un nouveau tissu résistant.

Dans l'imagerie enfantine, le facteur est parfois personnifié par un animal câlin qui apporte les nouvelles joyeuses aux tout-petits. Plusieurs cartes de souhaits présentent donc d'adorables lapins et de gentils oursons porteurs de missives. Dans ces représentations animales, le facteur est symbolisé par les attributs universels de ses fonctions, c'est-à-dire la sacoche, la casquette et l'épinglette.

Page de gauche : (en haut) Les écrivains maîtrisent-ils tous l'art épistolaire ? Peut-être pas, mais plusieurs y ont excellé. Parmi cette collection d'œuvres littéraires se trouvent les Lettres choisies de Madame de Sévigné. *Quant à* Courrier Sud, *d'Antoine de Saint-Exupéry, il relate un épisode de la fabuleuse aventure de l'Aéropostale, à laquelle cet écrivain marquant du XXᵉ siècle a participé en tant que pilote. D'autres auteurs construiront leur intrigue à partir d'un échange épistolaire ; (en bas) Que des lettres puissent arriver soudainement à la maison — comme par magie — fascine tous les enfants. Leurs premiers livres ne peuvent pas passer cela sous silence…* MCP (CD)

Le genre d'articles que l'on peut trouver dans n'importe quelle maison, dont trois jeux de cartes utilisant l'iconographie postale et un disque compact du groupe québécois Okoumé (en haut de la page opposée), dont la pochette est ornée de timbres-poste. MCP (CD)

Les fabricants de jouets trouvent leur inspiration dans tout ce qui fascine les enfants, comme les héros des contes et des légendes, mais également dans ce qui constitue leur univers quotidien. Les jouets évoquant la poste sont souvent associés à l'aspect technique de celle-ci. Certains représentent en miniature des modèles traditionnels (pour ne pas dire antiques) de trains, de camions ou d'avions qui servaient au transport du courrier. Les spécialistes les considèrent comme des jouets d'initiation, car ils permettent à l'enfant d'apprivoiser le monde des adultes.

D'autres jouets, de type pédagogique, mettent l'accent sur les diverses caractéristiques du système postal. Dans un petit jeu de société, les enfants doivent écrire un message et l'acheminer vers son destinataire par l'intermédiaire d'un mini-bureau de poste et de ses accessoires. D'autres jeux insisteront davantage sur la mémorisation.

Le monde a beau changer rapidement, certaines choses demeurent — fondamentalement — à peu près telles quelles. Que les objets qui nous entourent évoquent si souvent la poste témoigne de l'importance de celle-ci dans nos vies. Les artistes qui créent ces objets expriment à travers leur art une réalité accessible à tous. Ils recréent un monde familier.

Divers modèles de papier d'emballage à motif postal. MCP (CD)

En haut, à gauche : Œuvre de l'illustratrice québécoise Geneviève Côté, reproduite à des milliers d'exemplaires en cartes de souhaits. MCP 1995.79.1-2. (CD)

Ci-contre : (en haut) Des jeux de société grâce auxquels les enfants deviennent facteurs pour un moment ; (en bas) Ces jouets provenant de divers pays témoignent de la fascination qu'exercent les véhicules de la poste sur l'imaginaire des petits et des grands. MCP (CD)

PLUS VITE ! PLUS LOIN !
PLUS HAUT !

Bianca Gendreau

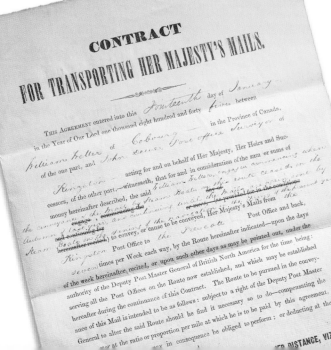

L'acheminement efficace du courrier d'un endroit à l'autre du pays est une préoccupation constante. Pendant longtemps, toutefois, le transport du courrier a été une affaire de chemins cahoteux et d'horaires incertains. À l'époque où le cheval était roi, la diligence et le traîneau dominaient. Puis, le développement de la navigation à vapeur et de la voie ferrée a graduellement accéléré les choses. Finalement, les véhicules motorisés et l'avion sont devenus à leur tour les moyens de transport répondant le mieux à l'éternelle quête de rapidité et de sécurité dans la livraison du courrier.

Au temps des diligences et des traîneaux

De nombreux artistes, voyageurs et militaires ont décrit leurs aventures à bord de voitures à chevaux, dans un environnement rude et parfois sauvage, et nous ont laissé une image plutôt romantique de cette grande époque.

Le mot diligence évoque les imposants véhicules que nous avons pu voir dans les westerns américains, tirés par quatre ou six chevaux. Version modeste du transport en commun, la diligence se résume souvent à une grosse caisse pourvue d'ouvertures, de banquettes intérieures, d'un porte-bagages sur le toit et d'un banc extérieur pour le cocher. Y prennent place jusqu'à neuf passagers — mais parfois moins — et toutes sortes de marchandises et colis, dont les précieux sacs de la poste. Le tout file sur des patins l'hiver et sur quatre roues le restant de l'année.

Les propriétaires de diligences sont souvent des entrepreneurs polyvalents, pour ne pas dire touche-à-tout : ils sont

On demande aux maîtres de poste d'enduire régulièrement d'huile leurs sacs de courrier pour les entretenir ; à partir des années 1860, ces sacs de cuir laisseront peu à peu la place aux sacs de courrier en toile. MCP 1974.506.1. (CD)

Page de gauche : Centre national de contrôle de la Société canadienne des postes à Ottawa. (SD)

Ce contrat postal émis le 14 janvier 1845 stipule que le courrier doit être acheminé sept fois par semaine entre Kingston et Cobourg, en Ontario, durant la saison hivernale, lorsque le service de bateaux à vapeur est interrompu. L'agent contractuel est William Weller, qui touchera cinq cents livres, à la fin du terme seulement. Le contrat précise l'horaire à suivre et alloue un délai de douze heures pour l'acheminement du courrier dans chaque direction. MCP 1974.1965.22. (CD)

Maquette d'une diligence utilisée par la L. D. Geldert Western Stage Coach Company Ltd., sur la route entre Yarmouth et Halifax, vers 1830. MCP 1999.99.4. (CD)

à la fois conducteurs, hôteliers, commerçants… Rapidement, le transport par diligence prend une grande importance et l'on finit par établir un service dans tous les endroits où la demande se fait sentir, selon des étapes et des horaires fixes. Mais pour que le système fonctionne, il faut de bons chevaux, forts et bien nourris. D'où l'établissement de relais de poste à intervalles réguliers ; ce sont souvent des hôtels dont le personnel se charge de soigner les chevaux et d'en préparer quelques-uns pour remplacer l'attelage de la prochaine diligence.

L'entrepreneur qui désire obtenir un contrat de la poste entre deux ou plusieurs bureaux de poste doit faire une soumission. Le contrat précise la durée de l'engagement, les horaires, le nombre d'arrêts et même le type de véhicule à utiliser. Grâce à l'importance que prennent leurs lignes de transport, certains de ces entrepreneurs deviennent célèbres. La Royal Mail Line, très connue en Ontario, appartient à William Weller, personnage des plus pittoresques. Engagé dans différentes activités commerciales, Weller établit un réseau de lignes de diligences, entre 1829 et 1837, pour le transport des passagers et du courrier entre Toronto, Montréal, Hamilton, Niagara Falls et Peterborough. Malgré des avertissements répétés, il se rend coupable de surcharger ses véhicules et de ne pas respecter les horaires. Le ministère des Postes doit annuler son contrat.

Une autre figure importante dans l'établissement du transport du courrier est Leonard D. Geldert ; sa compagnie, la Western Stage Coach Company Ltd., assure le transport des passagers et du courrier en Nouvelle-Écosse pendant plus de vingt ans.

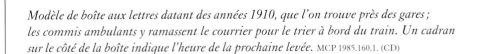

Modèle de boîte aux lettres datant des années 1910, que l'on trouve près des gares ; les commis ambulants y ramassent le courrier pour le trier à bord du train. Un cadran sur le côté de la boîte indique l'heure de la prochaine levée. MCP 1985.160.1. (CD)

Les risques du voyage

Dire que les routes de l'époque sont en mauvais état est un euphémisme. Or, la diligence est un véhicule rudimentaire ; tous les cahots, nids-de-poule et autres obstacles qu'elle rencontre causent de sérieux inconforts aux passagers, quand ce ne sont pas des bris ou des accidents. Véhicules immobilisés, chevaux ou passagers blessés sont des incidents de parcours et font partie des risques du voyage. Seule la couverture de neige hivernale arrive à niveler les routes et à rendre les trajets moins pénibles.

Dans une lettre datant de 1842, un voyageur raconte à un correspondant les péripéties de son dernier voyage, où, la diligence s'étant renversée, deux dames qui voyageaient en compagnie de six messieurs ont dû s'extraire d'une position des plus embarrassantes lorsqu'elles se sont retrouvées coincées sous ces derniers. Philosophe, l'auteur termine son récit par ces mots : « Dieu merci, nous n'avons ni jambes ni bras cassés. »

En hiver, les véhicules ne sont pas obligés de s'en tenir aux tracés des routes ; on peut réduire la distance à parcourir en bifurquant à travers champs. Heureusement, le traîneau est muni de hauts rebords qui permettent de s'emmitoufler grâce aux fourrures, ou « peaux de carriole », comme on les appelle. Les sacs de courrier sont suspendus à des crochets fixés aux côtés afin d'éviter qu'ils ne tombent durant le trajet.

Pour les livraisons de plus courtes distances sur la neige, on utilise également le berlot, couramment appelé « sleigh ». Le berlot se résume à une caisse fermée, avec un banc pour le cocher, et ne peut accueillir de passagers. Il est posé sur deux

Sac de courrier, datant des années 1930, utilisé par les commis ambulants ; ces derniers y inscrivaient des salutations destinées à leurs collègues.
MCP 1976.209.1. (CD)

patins pleins et bas, recouverts d'une lame d'acier qui
se termine par une volute. L'avant du berlot ou le pare-neige
est surmonté de deux poteaux appelés « quenouilles ».

À toute vapeur !

Le chemin de fer accélère considérablement le transport des passagers et celui
du courrier. En 1854, le ministère des Postes aménage les premiers wagons-
poste : il s'agit désormais non plus seulement de transporter le courrier, mais
de le trier sur place, entre les gares. Alors que les locomotives traversent le pays
à toute vapeur, les employés des postes — qu'on appelle « commis ambulants »
— font leur travail dans de petits espaces conçus à cette fin. Ce type d'opération
durera jusqu'en 1971.

Les commis ambulants ont toujours de bonnes histoires à raconter sur leurs
années à bord des trains, et les souvenirs agréables abondent. Ils relatent avec fierté
la camaraderie qui régnait entre les équipes de commis affectées aux différentes
routes. Leur travail n'était pourtant pas facile : il fallait mémoriser tous les
arrêts sur leur tronçon, affronter le froid de l'hiver et la chaleur accablante de l'été

*Ci-dessus : Le petit registre (1910)
servait à noter les déplacements
des commis ambulants : heures
de travail, absences, examens, etc.
Le plus grand (1935) nous renseigne
sur la circulation de l'argent dans
le service postal ferroviaire.*
MCP 1974.1578.1, 1974.1673.1. (CD)

*En haut : (à droite) Carnets
d'identification remis à tous les
commis ambulants pour des raisons
de sécurité.* MCP (CD) ; *(à gauche)
Les commis des postes sur chemin
de fer de la division de Québec,
en 1923-1924.* MCP 1991.36.1.
(Jules-Ernest Livernois)

*Page opposée, en haut : Marteaux d'oblitération et tampons provenant de divers bureaux
de poste ambulants. Ils devaient être nettoyés régulièrement afin que la marque postale
demeure très lisible ; R.P.O. sont les initiales de Railway Post Office.* MCP (CD)

dans des wagons faits de métal. Mais peu importe ! Ils savaient à quel point le courrier était attendu avec impatience.

Et vogue le navire !

Curieusement, l'histoire du service postal maritime ne commence pas en mer. Elle est liée au développement de la compagnie de chemin de fer Canadien Pacifique. Le ministère des Postes considère en effet que le service maritime est le prolongement du service postal ferroviaire : le navire prend en charge le courrier là où le train s'arrête. À l'aide de la poste maritime, on veut établir une liaison postale « impériale », c'est-à-dire un réseau qui unira les colonies à Londres.

Le premier contrat de transport de courrier par navire est octroyé en 1853, mais la compagnie en cause se désiste. En 1856, la Montreal Ocean Steamship Company, mieux connue sous le nom d'Allan Line, prend le relais. Le contrat prévoit des voyages entre le Canada et l'Angleterre tous les quinze jours durant l'été, et une fois par mois durant l'hiver. Le premier départ a lieu le 23 avril 1856, avec le navire *North American,* suivi à deux semaines d'intervalle par le *Canadian,* l'*Anglo-Saxon* et l'*Indian.* Rapidement, le service postal maritime devient hebdomadaire.

Les pratiques du service postal maritime suivent les mêmes principes qui régissent les opérations du service ferroviaire postal ambulant. Les premiers commis postaux à bord des navires

En bas : Livre de comptes du service postal maritime, qui renferme les noms des compagnies maritimes détentrices de contrats pour la livraison de la poste. MCP 1974.1674.1. (CD)

Assiette de la Montreal Ocean Steamship Company, également connue sous le nom d'Allan Line. MCP 1974.1996.1. (CD)

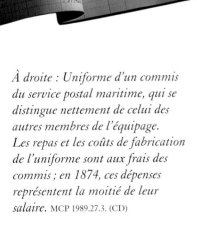

À droite : Uniforme d'un commis du service postal maritime, qui se distingue nettement de celui des autres membres de l'équipage. Les repas et les coûts de fabrication de l'uniforme sont aux frais des commis ; en 1874, ces dépenses représentent la moitié de leur salaire. MCP 1989.27.3. (CD)

sont d'anciens employés du service ferroviaire, déjà habitués à voyager sans arrêt et à trier le courrier dans des espaces restreints. Les autorités postales sont d'avis qu'il s'agit du même genre de tâche et que les conditions de travail sont équivalentes. Les dangers de ce nouveau métier sont pourtant réels : en 1864, trois des quatorze préposés au tri du service maritime perdent la vie dans des naufrages.

Le commis dispose de peu de jours pour trier plus de quinze mille lettres et journaux. Il commence son travail à Pointe-au-Père, près de Rimouski, au Québec, et le poursuit jusqu'à Moville, en Irlande. Le commis doit respecter les règlements et travailler seul, même lorsque la mer est très agitée. Impossible, donc, de camoufler les erreurs de tri ; seul un accident majeur peut l'empêcher de faire son travail.

En haut, à droite : (en bas) Assiette en usage à bord des navires de l'Allan Line, avec l'emblème de la ville de Montréal, où l'Allan Line avait son siège social ; (en haut) assiette fabriquée par E. F. Bodley & Son (Longport) en 1890 pour la Canada Shipping Company, de Montréal, une des compagnies qui acheminaient le courrier pour le compte du ministère des Postes. E. F. Bodley & Son était le fournisseur de nombreuses compagnies maritimes. MCP 1974.1994.1, 1974.1995.1. (CD)

Maquette du RMS Canadian, *de la Montreal Ocean Steamship Company (Allan Line), mis à l'eau en 1856. Un an plus tard, le navire coule à la hauteur de Saint-Jean-Port-Joli ; les trois cent cinquante passagers sont évacués et le courrier est sauvé.* (MCP 1995.83.3) ; *Carte postale et carte publicitaire de l'Allan Line.* MCP 2000.29.1, 2000.11.1. (CD)

L'association entre l'Allan Line et le ministère des Postes durera plus de soixante ans, jusqu'à ce que la compagnie maritime soit intégrée à la Canadian Pacific Steamship Company.

Le ciel est à nous

Si, à ses débuts, l'avion est plutôt considéré comme une curiosité, il s'avère rapidement l'invention du siècle. D'ailleurs, on connaît l'importance de l'aviation au cours de la Première Guerre mondiale. La paix retrouvée, en 1918, les liaisons commerciales deviennent indispensables, pour l'acheminement du courrier, d'une part, et le transport des passagers, d'autre part. Les premières sociétés aériennes apparaissent, les lignes se développent et le monde se rapproche. Après avoir effectué leurs premiers vols dans le cadre de combats aériens, les pilotes se convertissent aux vols postaux, aux grands raids et aux meetings aériens.

Alors que les canons fument encore en Europe, certains entrevoient le rôle prépondérant que pourra jouer l'aviation en temps de paix et imaginent un projet ambitieux, insensé : créer une route aéropostale reliant Toulouse (dans le sud de la France) à la Terre de Feu (à la pointe de l'Amérique du Sud). Des hommes entreprenants qui ont pour nom Pierre-Georges Latécoère et Marcel Bouilloux-Lafont, des pilotes intrépides comme Jean Mermoz, Antoine de Saint-Exupéry et Henri Guillaumet tracent la « Ligne » et relient les continents. Tous observent le même credo : faire passer le courrier coûte que coûte.

À la même époque, le développement économique du Canada et un accroissement de sa population, qui se répand jusque dans les nouveaux territoires, incitent le ministère des Postes à établir un service aérien. Des vols ont lieu dès 1918, mais l'aventure postale aérienne canadienne débute véritablement en 1928 avec l'ouverture de deux tronçons : Pointe-au-Père-Montréal, puis Montréal-Toronto, qui a pour but de hâter la cueillette des dépêches apportées par les transatlantiques.

Également, certaines compagnies d'aviation desservent les communautés ou les entreprises situées dans des endroits que ne peut atteindre le transport postal régulier ou par bateau. Sous le strict contrôle des autorités postales, chaque compagnie émet ses propres timbres « semi-officiels », avec sa raison sociale, pour le paiement du service.

Complétée en 1939, la route aérienne postale transcanadienne consiste en un long corridor entre Halifax et Vancouver. Sa mise en place s'échelonne sur dix ans, alors que s'établissent de nouveaux aéroports que l'on doit pourvoir de systèmes d'éclairage permettant les vols de nuit.

Griffes commémoratives dont on marquait les enveloppes lors des premiers vols officiels entre deux destinations. MCP (CD)

Page opposée : Sacs de courrier de la poste aérienne. MCP (CD)

Étiquettes produites par des compagnies aériennes aux quatre coins du monde et que les voyageurs s'empressaient d'appliquer sur leurs bagages. MCP (CD)

Ci-dessus, à droite : Ce numéro du 13 avril 1928 du Whitehorse Star *a été livré par la Yukon Airways & Exploration Co. Ltd., comme l'indique le timbre-poste «semi-officiel».* MCP 1996.28.1. Reproduit avec la permission du *Whitehorse Star.* (CD)

Vignettes adhésives à apposer sur les lettres que l'on veut envoyer par avion et pli premier vol daté du 6 décembre 1930. MCP (CD)

Des pilotes aventuriers

L'avion offre également une accessibilité permanente aux territoires vierges du pays qui, auparavant, ne pouvaient être atteints qu'en canot l'été et en traîneau à chiens l'hiver. Jusque-là, en hiver, la population restreinte de ces territoires vivait coupée du reste du monde, le service postal y étant interrompu. Comme l'écrit le père Saindon, de Moosonee, à la baie James, au ministre des Postes en 1932 : « Mes missionnaires sont bien isolés. Le courrier leur apportait un grand réconfort, surtout aux approches des fêtes de Noël et du jour de l'An. Cette année, ils seront sevrés de cette consolation et cette pensée me torture. Beaucoup n'auront aucune lettre avant la première semaine de juillet. »

En 1930, piloter un avion demeure une grande aventure, et davantage encore lorsque cela se déroule dans le Grand Nord canadien ! Les pilotes doivent être braves, certes, mais ils doivent aussi être capables de régler rapidement les nombreux problèmes qui peuvent survenir, car les avions sont rudimentaires : une carlingue couverte de tissu, des ailes de bois, à peu près pas d'instruments de navigation. Dans des conditions climatiques extrêmes, il leur faut tirer profit de toutes les particularités du paysage, comme les rivières qui aident à s'orienter et qui servent de terrain d'atterrissage en été.

Les Roméo Vachon, Art Schade, Wilfrid Reid « Wop » May, Clennell Haggerston « Punch » Dickins, pour n'en nommer que quelques-uns, étaient des hommes épris d'aventure qui aimaient affronter les défis. Ces « facteurs volants » avaient la réputation de pouvoir livrer n'importe quoi, n'importe où.

Le pilote Roméo Vachon, tête nue (au centre), avant le vol inaugural de la route aéropostale Rimouski-Montréal, le 5 mai 1928. Dans l'année, la Canadian Transcontinental effectuera quatre-vingt-dix-sept vols sur cette ligne. ANC, C-081888.

À gauche : Une première : le 9 juillet 1918, une femme est aux commandes d'un aéronef transportant du courrier. À bord d'un Curtiss Stinson Special, l'Américaine Katherine Stinson fait la liaison entre Calgary et Edmonton ; le courrier porte l'oblitération « Aeroplane Mail Service, July 9, 1918, Calgary, Alberta ». Une foule nombreuse vient encourager l'aviatrice pour cette première livraison de la poste par voie aérienne dans l'ouest du pays. Musée de l'aviation du Canada, Ottawa.

À droite : Wagon de livraison de la Canadian Transfer Co., Montréal (QC), vers 1930. Archives photographiques Notman, Musée McCord d'histoire canadienne, Montréal, MP-1984.105.14.

Mais le train et l'avion ne répondent pas à tous les besoins. L'augmentation de volume du trafic postal amène le ministère des Postes à repenser son système de distribution et à diversifier les moyens de transport utilisés. Le perfectionnement de la voiture motorisée et l'expansion du réseau routier seront la clé de la solution. Les automobiles et les camions, n'étant pas limités par le tracé des voies ferrées ni par les horaires du transport de passagers, répondront mieux aux besoins de la poste du XXe siècle.

À l'aube du XXIe siècle, l'organisation du transport du courrier doit faire face à de nouveaux défis. De nouvelles préoccupations sont apparues. Toujours en quête de perfectionnement, le service postal doit aussi tenir compte des grands enjeux environnementaux. De nos jours, le service de transport du courrier sur les routes prédomine, mais cela a une incidence sur notre milieu de vie. Le système de camionnage contribue à l'endommagement du réseau routier et est une source de pollution. Ces facteurs pourraient favoriser l'acheminement du courrier par le train. Diverses raisons pourraient justifier un tel revirement. Tout d'abord, des améliorations technologiques ont permis d'augmenter la rapidité et la fiabilité du service du réseau ferroviaire. Deuxièmement, il existe la possibilité d'intégrer un système de roues sous les conteneurs afin qu'ils puissent rouler directement sur les rails. Un autre changement s'opère en douceur du côté du transport du courrier par voie aérienne. Le service postal tente de réduire sa dépendance à l'égard des avions de passagers en utilisant principalement des avions affrétés.

Ces nouvelles possibilités se conjuguent à une nouvelle tendance dans la

À gauche : Modèle réduit d'un quadricycle utilisé pour la livraison du courrier dans les rues de Toronto, entre 1900 et 1902. Le modeste véhicule est mû par un moteur de 402 cm³ à un seul cylindre, refroidi à l'eau ; les pédales aident à monter les côtes abruptes… Le ministère des Postes achètera quatre de ces véhicules, mais le manque de puissance du moteur ainsi que l'absence de toit et de pare-brise pour protéger le conducteur des intempéries pèseront plus lourd dans la balance que les avantages financiers. MCP 1995.83.1. (CD)

Ci-dessous : Modèles de véhicules mis en service par le ministère des Postes en 1901. ANC, POS-003345.

À droite : Premier modèle de voiture motorisée utilisée dans la livraison du courrier entre 1900 et 1902, que l'on conduit à l'aide d'un manche plutôt que d'un volant. De conception américaine, la « locomobile » est fabriquée au Canada par la National Cycle & Automobile Co. Ltd. Elle est propulsée par un moteur de deux cylindres de 6 sur 8 centimètres et d'un poids total de 18 kilos, qui fonctionne à la vapeur ; elle peut pousser des pointes jusqu'à 40 kilomètres à l'heure ! Le modèle de base coûte 900 $, et il faut ajouter 100 $ pour la boîte fermée (nécessaire pour protéger les sacs de courrier). Mais le moteur surchauffe, il requiert une importante quantité d'eau tous les 30 kilomètres et a tendance à geler l'hiver. Sa vie comme véhicule postal sera de courte durée. MCP 1995.83.2. (CD)

Fondée en 1891, l'Ottawa Electric Railway avait obtenu un contrat exclusif du ministère des Postes ; sa première voiture servait uniquement au transport des sacs de courrier entre la gare et le bureau de poste. En 1905, la voiture n° 65 desservait les édifices du Parlement. ANC, PA-143140.

En haut : Une autoneige Bombardier, modèle B-12, assure le transport du courrier entre L'Anse-Saint-Jean et Port-Alfred, au Québec. Musée J. Armand Bombardier.

manipulation et l'acheminement du courrier. Tout d'abord, les sacs de courrier disparaissent au profit de contenants en plastique. Ces bacs, plus durables, peuvent être empilés et n'abîment pas les enveloppes.

En outre, on verra bientôt apparaître sur l'ensemble du territoire canadien de nouveaux systèmes de repérage du courrier. Dès lors, l'expéditeur d'une lettre ou d'un colis pourra suivre la progression de son envoi. Ces systèmes de repérage fonctionnent à l'aide de codes à barres, de microprocesseurs et de transmetteurs de signaux par satellites.

Pour arriver à implanter ces nouvelles approches dans les années à venir, le service postal dispose actuellement d'un système qui place le Canada à l'avant-garde du suivi des opérations de transport et du contrôle du réseau postal. Situé au cœur même de Postes Canada, à Ottawa, le Centre national de contrôle supervise la distribution de dix milliards de lettres et de colis par année, livrés à plus de douze millions d'adresses partout au pays. Sur une carte géante du Canada et à l'aide de systèmes technologiques et informatiques sophistiqués, on suit le déplacement du courrier et on s'assure que rien ne l'arrête. La technologie du Centre national de contrôle est à ce point avancée que de nombreuses administrations postales étrangères font appel à son expertise en ce domaine.

Le courrier est transporté jusqu'au centre de tri de Saint-Laurent (près de Montréal) à bord de semi-remorques. Quatre de ces chauffeurs posent fièrement devant leurs camions, dans l'ordre habituel, Glen Sutton, René Laflamme, Serge Carrière et Pierre Denis. (SD)

En dehors des heures de pointe, qui sont d'habitude en fin d'après-midi jusqu'à l'aube, la zone du courrier international au centre de tri de Saint-Laurent offre moins d'activité. (SD)

Déchargement du courrier d'un avion de Purolator, filiale de Postes Canada depuis 1993, à l'Aéroport international Macdonald-Cartier d'Ottawa. Les conteneurs ont été spécialement conçus pour ce type d'avion. (SD)

Le courrier est placé dans des conteneurs réservés à Postes Canada et chargé dans la soute d'un avion passager à l'Aéroport international Macdonald-Cartier d'Ottawa. (SD)

NOTES BIOGRAPHIQUES

FRANCINE BROUSSEAU

Francine Brousseau est directrice du Musée canadien de la poste et directrice des expositions du Musée canadien des civilisations. Historienne d'art et titulaire d'une maîtrise en administration publique, elle travaille dans le domaine du patrimoine et de la muséologie depuis 1975. Associée au Musée canadien de la poste depuis 1984, elle en est la directrice depuis 1990. Auteur de plusieurs ouvrages, articles et projets d'exposition, elle a présidé à l'intégration du Musée canadien de la poste au Musée canadien des civilisations. Elle est également membre du conseil d'administration de l'Association internationale des musées de transport et communication et vice-présidente de l'Association des musées canadiens.

CHANTAL AMYOT

Chantal Amyot est responsable de la planification au Musée canadien de la poste et gestionnaire d'expositions au Musée canadien des civilisations. Historienne d'art et titulaire d'une maîtrise en muséologie, elle fait partie de l'équipe du Musée canadien de la poste depuis douze ans, comme conservatrice d'abord, puis comme responsable des programmes publics. Elle a ainsi participé à de nombreux projets d'envergure, soit l'installation du Musée au Musée canadien des civilisations, la réalisation d'un CD-ROM et la mise sur pied de nombreuses expositions. Elle a aussi rédigé des articles spécialisés sur la poste.

BIANCA GENDREAU

Bianca Gendreau est titulaire d'une maîtrise en histoire et d'une maîtrise en muséologie. Elle s'est jointe à l'équipe du Musée canadien de la poste en 1990 et est la conservatrice de la collection depuis 1995. À titre de conservatrice, elle a réalisé plusieurs expositions importantes au Musée, dont des expositions itiné-rantes et virtuelles. Elle a également publié des articles et donné des conférences sur l'histoire de la poste.

JOHN WILLIS

Historien par profession et par goût, John Willis travaille au Musée canadien de la poste depuis 1991. Passionné d'histoire, en particulier d'histoire sociale et d'histoire de la poste, il a signé plusieurs articles et écrits sur l'histoire des communications au Canada. Il a contribué à la préparation de plusieurs grandes expositions. Il a fait paraître des articles dans diverses anthologies et revues savantes et contribue régulièrement à la rubrique des postes de la revue d'histoire *Cap-aux-Diamants*. Il possède un doctorat en géographie historique de l'Université Laval et vit dans l'Outaouais.

CLAIRE DUFOUR

Claire Dufour, photographe, a participé à plusieurs projets au Canada et en France tant dans le domaine de l'édition que dans celui de la muséologie. Ses photos ont été publiées dans plusieurs revues de prestige dont *Force* et *enRoute*. Son travail a été primé à maintes reprises dans des revues spécialisées. Spécialiste de la photographie publicitaire, elle traite chaque photo comme un tableau, jouant habilement avec la lumière, l'ambiance et la composition.

BIBLIOGRAPHIE SOMMAIRE

LA POSTE, OU LE TRANSPORT DU MOT

BENIGER, James R. *The Control Revolution. Technological Change and Economic Origins of the Information Society,* Cambridge (MA), Harvard University Press, 1986.

BRAUDEL, Fernand. *Civilisation, économie et capitalisme,* vol. 1 : *Les Structures du quotidien, XVe-XVIIIe siècle. Le possible et l'impossible,* Paris, Librairie générale française, 1993.

CROWLEY, David et P. HEYER. *Communication in History : Technology, Culture and Society,* White Plains (NY), Longman, 1995.

DAUPHIN, Cécile *et al. Ces bonnes lettres. Une correspondance familiale au XIXe siècle,* Paris, Albin Michel, 1995.

FARGE, Arlette. *La Vie fragile. Violence, pouvoirs et solidarités à Paris au XVIIIe siècle,* Paris, Éditions du Seuil, 1992.

FINNEGAN, Ruth. *Literacy and Orality : Studies in the Technology of Communication,* Oxford, Blackwell, 1988.

INNIS, H.A. *Empire and Communication,* Toronto, University of Toronto Press, 1972.

MELANÇON, Benoît. *Sévigné @ Internet. Remarques sur le courrier électronique,* Montréal, Éditions Fides, coll. « Les Grandes Conférences », 1996.

« PRÊTE-MOI TA PLUME POUR ÉCRIRE UN MOT »

ANONYME. *Le Secrétaire des amoureux et des gens du monde,* Montréal, Librairie Beauchemin, 1917.

BRENNER, Robert. *Valentine Treasury. A Century of Valentine Cards,* Atglen (PA), Schiffer, 1997.

COLLECTIF. *La Correspondance. Les usages de la lettre au XIXe siècle,* Paris, Fayard, 1991.

DAUPHIN, Cécile *et al. Ces bonnes lettres, une correspondance familiale au XIXe siècle,* Paris, Albin Michel, 1995.

MEILLEUR, Jean-Baptiste. *Court traité sur l'art épistolaire,* 2e édition, Montréal, P. Gendron, 1849.

L'ÉPOQUE COLONIALE

Parmi les lettres que nous avons consultées notons la correspondance de la famille Papineau et celle de Mgr Lartigue, premier évêque de Montréal, qu'on trouve dans *Le Rapport de l'archiviste de la province de Québec.* Le « Rapport de la commission sur la situation du département de la poste en Amérique du Nord britannique, 26 mars 1846 », de l'Assemblée législative du Canada (appendice F des *Appendices et livres de séance,* 2e séance, 2e parlement, 1846) a également été une source importante d'information. Les appendices de ce rapport sont une véritable mine de renseignements, aussi bien sur les colonies maritimes que sur le Canada. Les journaux de la fin du XVIIIe siècle et du début du XIXe siècle, de Montréal, de Toronto, de Kingston, de Bytown (Ottawa), de Saint John et de Halifax, contiennent beaucoup d'informations sur la poste.

BÉRUBÉ, G. et Marie-France SILVER. *La Lettre au XVIIIe siècle et ses avatars,* Toronto, Éditions du GREF, 1996.

GADOURY, Lorraine. *La Famille dans son intimité. Échanges épistolaires au sein de l'élite canadienne du XVIIIe siècle,* Montréal, Hurtubise HMH, 1998.

HARRISON, Jane E. *Adieu pour cette année : la correspondance au Canada, 1640-1830,* Hull / Montréal, Musée canadien des civilisations / XYZ éditeur, 1997.

LITTLE, J. I. *The Child Letters : Public and Private Life in a Canadian Merchant-Politician's Family, 1841-1845.* Montréal et Kingston, McGill-Queen's University Press, 1995.

McKENNA, Katherine M. J. *A Life of Propriety : Anne Murray Powell and Her Family, 1755-1849.* Montréal et Kingston, McGill-Queen's University Press, 1994.

NOËL, Françoise. « Note de recherche : My Dear Eliza : The Letters of Robert Hoyle, 1831-1844 », *Histoire sociale / Social History,* vol. 26, n° 51 (mai 1993), p. 115-130.

SMITH, William. *The History of the Post Office in British North America, 1639-1870,* Cambridge, Cambridge University Press, 1920.

LES TIMBRES-POSTE : DES FENÊTRES SUR LE MONDE

BOGGS, Winthrop S. *The Postage Stamps and Postal History of Canada*, Kalamazoo (MI), Chambers Publishing Co., 1945 ; réimpression, Lawrence (MA), Quarterman Publications, 1974.

HOWES, Clifton A. *Canadian Postage Stamps and Stationery,* Boston, New England Stamp Company, 1911 ; réimpression, Lawrence (MA), Quarterman Publications, 1974.

JARRET, Fred. *Stamps of British North America,* Toronto, F. Jarret, 1929 ; réimpression, Lawrence (MA), Quarterman Publications, 1975.

MASSE, Denis. *Le Castor de Fleming et ses descendants,* Montréal, Denis Masse éditeur, 1993.

VERGE, Charles J. G. « The Six Penny Prince Consort, Stamp of Canada's Pence Period », *Scott Stamp Monthly,* décembre 1997, p. 41.

The Sandford Fleming 3 Pence Essay. Waterford (MI), Charles G. Firby Auctions, 1996.

LES BUREAUX DE POSTE

ARCHIBALD, Margaret. *Le fédéral se construit. La Direction de l'architecte en chef du ministère des Travaux publics 1881-1914,* Ottawa, Parcs Canada, Environnement Canada, 1983.

KALMAN, Harold. *A History of Canadian Architecture,* vol. 2, Toronto, Oxford University Press, 1994.

MAGUIRE, C. R. « Canada's Post Office Architecture : The Second Empire Style, Ca. 1871-1881 », *Stampex,* 24-26 mai, 1985.

MAITLAND, Leslie et Randy ROSTECKI. *Post Offices by Thomas Fuller 1881-1896,* document de recherche, Commission des lieux et monuments historiques du Canada, juin 1983.

MAITLAND, Leslie, Jacqueline HUCKER et Shannon RICKETTS. *A Guide to Canadian Architectural Styles,* Peterborough, Broadview Press, 1992.

THOMAS, C. A. « Architectural Image for the Dominion : Scott, Fuller and the Stratford Post Office », *The Journal Of Canadian Art History,* vol. 3, n°s 1 et 2, automne 1976.

WRIGHT, Jane. *Crown Assets : The Architecture of the Department of Public Works, 1867-1967,* Toronto, University of Toronto Press, 1997.

LE MAÎTRE DE POSTE RURAL

Les renseignements que nous tenons sur le système rural de la poste nous parviennent en grande partie des témoignages de vingt-cinq anciens maîtres et maîtresses de poste. Les souvenirs du regretté Henri Roy, ancien président de la section québécoise de l'Association canadienne des maîtres de poste et adjoints, nous ont été particulièrement utiles.
Nous avons également consulté le très riche fonds du ministère des Postes, le RG 3, aux Archives nationales du Canada. La série D-3 nous a été particulièrement utile. En 1993, le Musée canadien de la poste a fait l'acquisition de l'ensemble du mobilier de l'ancien bureau de poste de Val-Morin, au Québec. Cette collection est une de nos meilleures sources en ce qui concerne l'histoire de la poste en milieu rural.

OSBORNE, B. S. et R. PIKE. « The Postal Service and Canadian Social History », part 1 : « Petitions, Inspectors' Reports and the Postal Archives », *Postal History Society of Canada Journal,* n° 35, 1983, p. 37-42.

OSBORNE, B. S. et R. PIKE. « The Postal Service and Canadian Social History », part 2 : « The Locational Decision », *Postal History Society of Canada Journal,* n° 41, 1985, p. 11-14.

OSBORNE, B. S. et R. PIKE. « Lowering the Walls of Oblivion : The Revolution in Postal Communications in Central Canada, 1851-1911 », dans Donald H. Akenson (dir.), *Canadian Papers in Rural History,* vol. IV. Gananoque (ON), Longdale Press, 1984, p. 200-225.

WILLIS, John. « L'importance sociale du bureau de poste en milieu rural au Canada, 1880-1945 », *Histoire sociale / Social History,* mai 1997, p. 143-168.

LES CATALOGUES : UN INVENTAIRE DE RÊVE

BROADFOOT, Barry. *The Pioneer Years, 1895-1914. Memories of Settlers Who Opened the West,* Toronto, Doubleday, 1976.

EATON, Flora. *Memory's Wall : The Autobiography of Flora McCrea Eaton,* Toronto, Clarke Irwin and Co., 1956.

EMMET, Boris et J. E. JEUCK. *Catalogues and Counters. A History of Sears, Roebuck and Company,* Chicago, University of Chicago Press, 1950.

SANTINK, J. L. *Timothy Eaton and the Rise of His Department Store,* Toronto, University of Toronto Press, 1990.

STEPHENSON, W. *The Store That Timothy Built,* Toronto, McClelland and Stewart, 1969.

BONJOUR, FACTEUR !

Entrevues effectuées par le Musée canadien de la poste auprès de facteurs de la région de la capitale nationale, 1999.

Les renseignements concernant les facteurs proviennent des dossiers conservés aux Archives nationales du Canada, plus particulièrement aux Archives du ministère des Postes, RG 3, instrument de recherche 3-5, parties 1 et 2.

LE COURRIER EN TEMPS DE GUERRE

Nos connaissances sur l'acheminement du courrier en temps de guerre reposent surtout sur des témoignages livrés en 1995 et en 1996 par des personnes ayant servi dans le Corps postal canadien au cours de la Seconde Guerre mondiale. Les lettres des Canadiennes et des Canadiens qui ont servi dans les forces armées pendant les deux grands conflits mondiaux nous ont été extrêmement utiles. Les plus remarquables sont les correspondances Crochetière et Leishman, qui se trouvent au Musée canadien de la poste, les lettres des Scythes, qui sont conservées au Musée canadien de la guerre, et la correspondance de Frank Maheux, aux Archives nationales du Canada. Les citations de la correspondance du capitaine W. D. Darling, conservée à l'Imperial War Museum, ont été utilisées avec la permission de sa fille, Madame Bee Palmer.

COMEAU, Paul-André. *La Démocratie en veilleuse. Rapport sur la censure: récit de l'organisation, des activités et de la démobilisation de la censure pendant la guerre de 1939-45,* Montréal, Québec Amérique, 1995.

GREENHOUS, Berenton. « C » *Force to Hong Kong. A Canadian Catastrophe, 1941-1945,* Toronto, Dundurn Press, 1997.

KESHEN, Jeffrey. *Propaganda and Censorship in Canada's Great War,* Edmonton, University of Alberta Press, 1996.

LITOFF, J. B. et D. C. SMIT. *Since You Went Away. World War II Letters from American Women on the Home Front,* New York, Oxford University Press, 1991.

L'ART ET LA POSTE

BROUSSEAU, Francine. *Jean Paul Lemieux. Visions du Canada,* Hull, Musée canadien de la poste, 1998.

LEYMARIE, Jean. *L'Esprit de la lettre dans la peinture,* Genève, Skira, 1967.

MASSÉ, A. et S. McLEOD O'REILLY. *L'Art voyageur : festival d'art par correspondance / Art Travels : Mail Art Festival,* Hull, Musée canadien des civilisations, 1992.

MASSÉ, A. et S. McLEOD O'REILLY. *Passions et collections. Découvrir le plaisir associé aux timbres-poste et à d'autres objets du monde entier,* illustrations de Norman Eyolfson, Hull / Toronto, Musée canadien des civilisations / Key Porter Kids, 1999.

MUSÉE DE LA POSTE. *Plis d'excellence. L'extraordinaire créativité de la correspondance,* Paris, Éditions Musée de la Poste, 1994.

WELCH, Chuck. *Eternal Network – A Mail Art Anthology,* Calgary, University of Calgary Press, 1995.

QUAND LA POSTE DEVIENT POP !

COULAUD, Hervé et Sophie NAGISCARDE.
Les Jouets de la poste, Paris, Maeght éditeur et Musée
de la poste de Paris, 1991.

PLUS VITE ! PLUS LOIN ! PLUS HAUT !

Entrevues effectuées auprès de commis ambulants
retraités, Musée national de la poste, 1987.

ARNELL, J. C. *Atlantic Mails: A History of the Mail
Service Between Great Britain and Canada to 1889,*
Ottawa, Musée national de la poste, 1980.

BERKEBILE, Don H. *Carriage Terminology: An
Historical Dictionary,* Washington, Smithsonian
Institution Press et Liberty Cap Books, 1978.

McLEOD O'REILLY, Susan. *À fond de train. Le service
postal ferroviaire au Canada,* Hull, Musée canadien de
la poste, 1992.

INDEX

Les références à une illustration ou à une photographie sont en italique.

La plupart des photos d'artefacts du Musée canadien de la poste (MCP)
ont été prises par Claire Dufour (CD). Steven Darby (SD)
et Harry Foster ont également réalisé certaines photographies.

Les scènes contemporaines ont été photographiées par Francine Brousseau,
Steven Darby (SD), Claire Dufour (CD), Larry Goldstein (LG)
et John Sherlock (JS).

Certaines photographies d'archives sont reproduites dans ce livre
avec l'aimable autorisation des Archives nationales du Canada (ANC)
et du Musée canadien des civilisations (MCC).

Les timbres-postes canadiens sont reproduits avec la permission
de la Société canadienne des postes. © Société canadienne des postes, 2000.
Reproduit avec permission.

Achevé d'imprimer en octobre 2000 sur les presses de l'imprimerie Friesens,
à Altona (Manitoba).